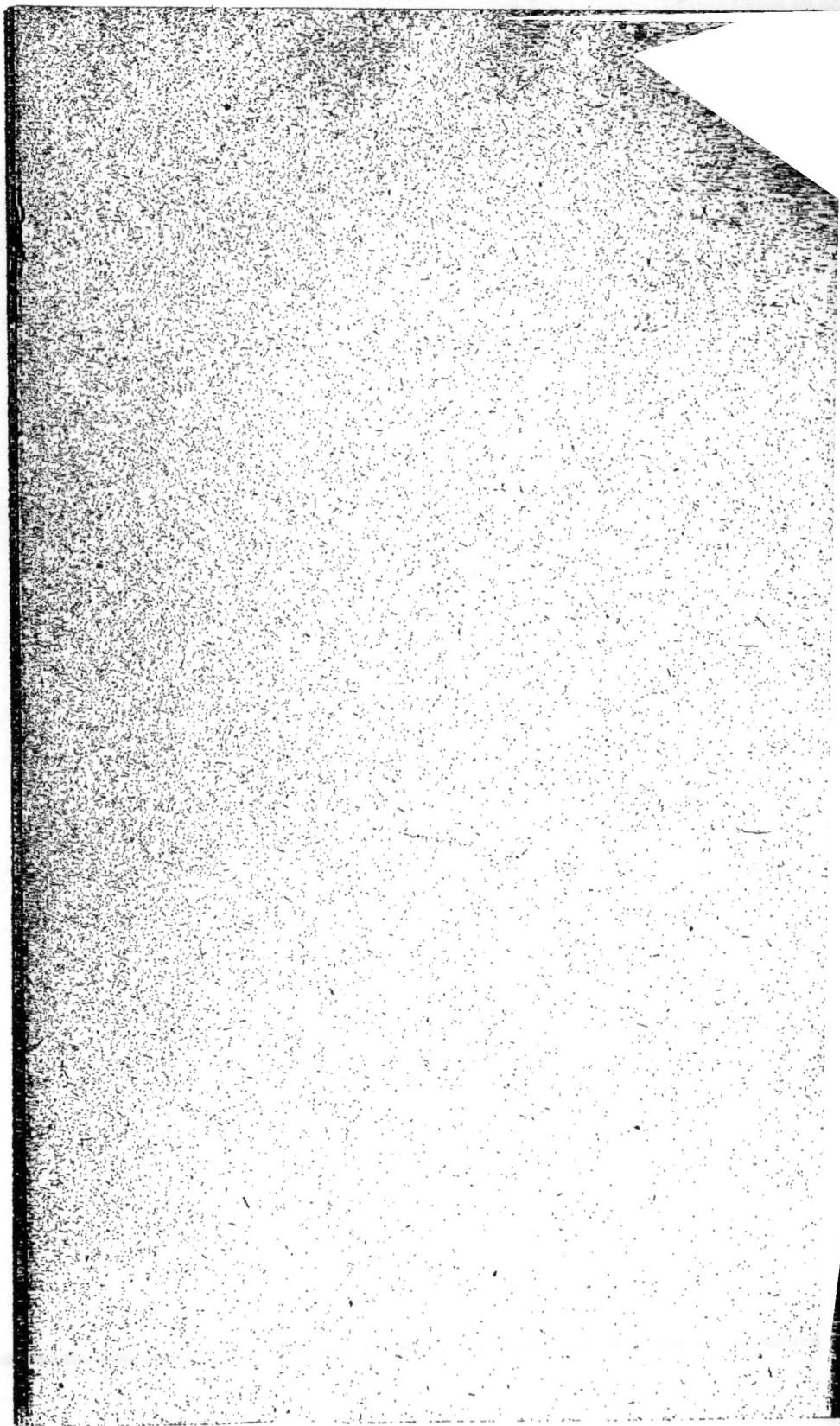

CATALOGUE

DE TABLEAUX,

DESSINS, ESTAMPES, encadrées & en feuilles, des plus grands Maîtres,

DES ÉCOLES d'Italie, d'Allemagne, de Hollande, de Flandre & de France ;

MINIATURES, GOUACHES, PASTELS, VASES, BUSTES, FIGURES DE MARBRE, BRONZES, PORCELAINES, BIJOUX, MEUBLES divers,

Et autres Objets de Curiosité,

Provenans du Cabinet de feu M. BAUDOUIN.

Par J. FOLLIOT, F. DELALANDE ET PH. F. JULLIOT fils.

DONT la Vente commencera le Samedi 11 du mois de Mars 1786 dans la grande Salle de l'Hôtel de BULLION, rue Plâtriere, où l'on verra les Objets qui la composent le Jeudi 9, & Vendredi 10, depuis dix heures du matin jusqu'à une heure après midi ; & lors de la Vente, l'on verra le matin de chaque jour, les Objets qui seront vendus le soir.

Le Supplément & les feuilles de Vacation se trouvent à la fin du Catalogue.

Le Catalogue se distribue à Paris,

Chez
{
J. FOLLIOT, rue Montmartre, au coin de celle des Augustins.
F. DELALANDE, rue de Montmorency, N°. 22.
PH. F. JULLIOT fils, rue du Four au coin de celle St. Honoré.
Me BRUSLEY, Huissier-Priseur, rue Saint-Avoye.

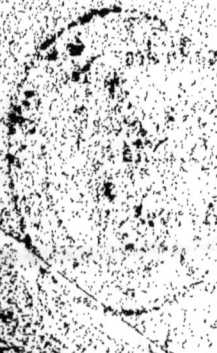

AVERTISSEMENT.

LES Hommes nés avec un goût dé-
cidé pour les beaux Arts ont toujours
recherché avec ardeur les productions
des anciens Artiftes , dont la mémoire
fera à jamais confervée par les chefs-
d'œuvres qu'ils nous ont laiffés : tel eft
le point de vue fous lequel l'on doit
envifager feu M. BAUDOUIN ; le choix
qu'il fçut faire des Ouvrages des grands
Hommes, doit donner une affez haute
idée de fes connoiffances fans qu'il foit
befoin de les exalter ; le Catalogue
que nous en préfentons offre aux curieux une fuite de Tableaux des trois
Écoles, une collection nombreufe de
Deffins, des différens Maîtres d'Italie,

d'Allemagne, de Hollande, de Flandre & de France ; des Vases & Figures de marbre, Bustes & Figures de bronze, quelques Porcelaines anciennes du Japon, de la Chine, & autres ; Pendules, Meubles de bon genre, un choix précieux de Boîtes de laque du Japon montées en or, Bijoux, & autres Effets curieux.

Les lettres B. C. T. indiquent les Tableaux peints sur bois, cuivre & toile.

CATALOGUE

DE TABLEAUX,

MINIATURES, GOUACHES, PASTELS, DESSINS encadrés & en feuilles;

ESTAMPES, MARBRES, BRONZES, PORCELAINES, BIJOUX, MEUBLES, & autres Effets curieux,

Provenans du Cabinet de feu M. BAUDOUIN.

TABLEAUX.

ÉCOLE D'ITALIE.

ANTOINE TEMPESTE.

N°. 1 ORPHÉE jouant de sa lyre; on le voit entouré d'un grand nombre d'animaux rassemblés par ses accords enchanteurs;

A

des Maffes & des Groupes d'arbres occupent les différens plans; & des Montagnes terminent le fond.

Cette riche compofition, connue par l'Eftampe qu'en a gravé ce Maître, joint à des détails intéreffans, une touche franche & une vigoureufe couleur. Hauteur 36 pouces, largeur 58 pouces. T.

NICOLAS BERETTONI.

2. Le Mariage de la Vierge.

Ce Tableau, dont les figures font pleines de grace, réunit à une couleur brillante, une grande harmonie. Hauteur 36 pouces, largeur 48 pouces. T.

MICHEL-ANGE AMERIGI DE CARAVAGE.

3. Un Tableau, compofé de cinq figures vues à mi-corps, repréfentant Saint-Sébaftien entouré de Saintes Femmes occu-

pées à le délier & à lui retirer les fleches.

La couleur vigoureuse & le feu que l'on remarque dans les Ouvrages de ce Maître se trouvent dans cette composition. Hauteur 36 pouces, largeur 40 pouces. T.

JOSEPH RIBERA, *dit* L'ESPAGNOLET.

4 Un Homme vu jusqu'aux genoux en partie couvert d'une draperie & tenant un couteau de la main gauche.

Ce Tableau, joint à la couleur la plus vigoureuse, une maniere savante & une touche hardie. Hauteur 36 pouces, largeur 48 pouces. T.

BARTHELMI-ETIENNE MURILLOS.

5 Un Tableau, le devant est occupé par un Groupe de cinq Soldats, dont deux sont assis & jouent aux dez sur un tambour; un troisieme debout, la tête cou-

A ij

verte d'un grand chapeau & enveloppé d'un manteau, observe leur jeu; un drapeau & des cuirasses se voient sur le côté opposé; des rochers & une porte de forteresse terminent le fond.

L'on admire dans les Ouvrages de cet Artiste un coloris onctueux, un pinceau floux, joints à une grande intelligence de clair obscur. Hauteur 32 pouces, largeur 27 pouces 6 lignes. T.

LUCAS GIORDANO.

6 Une belle & riche composition représentant l'Exposition du Saint-Sacrement, dans le haut de laquelle l'on voit le Pere Eternel porté par une Gloire d'Anges, plusieurs autres l'accompagnent & soutiennent les divers instrumens de la Passion. On remarque dans le bas plusieurs Saints & des Prelats en acte d'adoration.

La grande ordonnance & la belle marche qui regnent dans ce Tableau, joint à des Groupes favamment diftribués, la fécondité que l'on trouve dans les Ouvrages de ce Maître. Hauteur 36 pouces, largeur 48 pouces. T.

MATHIAS PRETI, *dit* LE CHEVALIER CALABROIS.

7 Un Tableau compofé de quatre figures vues à mi-corps, repréfentant Hérodiade, à qui un Soldat préfente la tête de Saint-Jean.

La couleur vigoureufe, & une touche ferme & favante, fe trouvent réunies dans cette compofition. Hauteur 36 pouces, largeur 46 pouces. T.

FRANÇOIS SOLIMENE.

8 Le Triomphe de la Peinture, compofition gracieufe; le Peintre occupe la droite du Tableau. On remarque dans le haut le Génie des Arts accompagné de la Re-

nommée ; & du côté opposé un Groupe de plusieurs Femmes. Le fond est terminé par un Ciel lumineux.

La couleur brillante & les beaux effets qui regnent dans ce Tableau, joint à une touche pleine d'esprit, une belle harmonie. Hauteur 16 pouces 6 lignes, largeur 21 pouces. T.

PIERRE LOCATELLY.

9 Deux Paysages, ornés de ruines & enrichis de figures & animaux. On voit sur le devant du premier deux Femmes puisant de l'eau à une fontaine. Un Pâtre & une Paysane montée sur un Ane, & conduisant des bestiaux, occupent le premier plan du second.

Ces deux Tableaux, faits avec liberté, & d'une composition agréable, portent 13 pouces 6 lignes de haut, sur 17 pouces de large. T.

ÉCOLE DES PAYS-BAS.

MATHIEU BRIL.

10 Un Payfage, à la droite duquel on voit une
Riviere enrichie de Barques, des Rochers
ornés de groupes & maffes d'Arbres,
occupent le côté oppofé, & plufieurs figures, touchées avec efprit, fe voient fur
le devant.

Hauteur 9 pouces 6 lignes, largeur 12
pouces 3 lignes. B.

ABRAHAM-BLOEMAERT.

11 Vertumne & Pomone; le Dieu fous la
figure d'une vieille Femme, eft affis
près de la Déeffe. Le fond eft terminé
par un riche Payfage & des Montagnes;
des Fruits & différens Légumes fe voient
fur le devant.

Cette riche compofition, précieufement faite & touchée avec efprit,
porte 18 pouces de large, fur 23
pouces de haut. B.

A iv

DAVID TENIERS LE VIEUX.

12 La Vendange ; on voit fur le devant
plufieurs hommes dans une Cuve, foulant
des raifins; d'autres près de-là préparent
des tonneaux : une femme affife & entourée de plufieurs enfans occupe le
milieu, près d'elle un homme préfente
à un Cavalier du vin dans une coupe.
L'on remarque à droite, une nombreufe
troupe de Vendangeurs, qui forment en
danfant une marche pour arriver au
Temple de Bacchus, que l'on apperçoit
fur le deuxième Plan. Une Forêt coupée
par une Riviere, & différens Groupes
de figures ornent le plan fuivant. Un
Village & des Montagnes terminent le
fond.

    Ce Tableau, d'une riche com-
pofition, réunit à une couleur
tranfparente, une harmonie parfaite.
Hauteur 27 pouces 6 lignes,
largeur 39 pouces. T.

GUILLEAUME NIEULAN & ANTOINE-FRANçOIS VANDER-MEULEN.

13 Un Payſage occupé à droite par une Forêt, près de laquelle on voit, dans l'action la plus vive, un grand nombre de Cavaliers qui ſe battent au piſtolet & à l'arme blanche. Sur le devant, au bord d'un ruiſſeau, pluſieurs Hommes ſont renverſés avec leurs Chevaux ; la gauche eſt enrichie par des maſſes de Payſage. Des Montages & une grande étendue de Pays terminent le fond.

On trouve dans ce Tableau la couleur la plus brillante, & une touche fine & ſpirituelle. Hauteur 22 pouces 9 lignes, largeur 31 pouces 8 lignes. T.

JEAN MIEL.

14 Un Payſage orné de Fabriques & Ruines; l'on voit ſur le devant pluſieurs Chaſſeurs, montés ſur leur Chevaux à la porte d'une Hôtellerie ; l'un tenant à la main un verre

de vin paroît converser avec son compa-
gnon, un troisième est assis près d'eux :
des Moutons se voyent du côté opposé ,
différentes masses de Paysages enrichissent
le Plan suivant, & des Montagnes terminent le fond.

Ce Tableau , d'un site agréable ,
réunit à une couleur vigoureuse
une harmonie parfaite. Hauteur 24
pouces, largeur 25 pouces. T.

JEAN-DAVID DEHEEM.

15. Un Déjeuné posé sur une table de pierre,
on y voit un plat, rempli de différens
Fruits, un pain & un verre.
Hauteur 11 pouces 6 lignes, largeur
16 pouces. B.

ALBERT KUYP.

16 L'Adoration des Bergers, l'on voit la
Vierge assise à la gauche du Tableau ,
l'Enfant devant elle, dont les rayons lumineux éclairent tout le côté; St. Joseph
est près d'eux dans le clair-obscur : un

grand nombre de Bergers, dont plusieurs
en acte d'adoration, occupent la droite &
se détachent sur un Ciel clair & transpa-
rent qui termine ce Tableau.

La couleur brillante & la touche
la plus précieuse se trouvent réunies
dans cette composition, qui joint à
une grande harmonie, une belle
conservation. Hauteur 28 pouces
9 lignes, largeur 37 pouc. 6 lign.

D. V. VETEN.

17 La vue intérieure d'un Palais enrichie de
plusieurs figures distribuées sur différens
plans.

Hauteur 20 pouces, largeur 23 pouc. B.

JEAN HANS JORDAENS.

18 Un intérieur de Chambre, un Homme &
une Femme, assis près d'une Cheminée,
sont occupés à filer. Des Légumes & différens ustensiles de Cuisine ornent les
devants & le fond de ce Tableau.

Hauteur 21 pouces, largeur 25 pouces
6 lignes. B.

HERMAN VAN-SWANEFELDT, *dit* HERMAN D'ITALIE.

19 Un Paysage d'une riche composition, dont le devant est occupé par la Sainte Famille. La Riviere se remarque du côté opposé, & est bordée de groupes d'arbres, deux Anges se voient sur le plan suivant : des masses d'arbres & des montagnes terminent le fond.

Ce Tableau réunit, à une touche franche & à une belle couleur, une grande harmonie. Hauteur 19 pouc. largeur 29 pouces. T.

JEAN BOTH.

20 Un Paysage maritime. La Mer & plusieurs Bâtimens occupent le côté gauche, & l'on voit de l'autre des Rochers & des Fortifications ; sur le devant une jettée ornée de plusieurs Groupes de figures enrichit cette composition.

Hauteur 18 pouces, largeur 22 pouc. T.

21 Vue d'un Port de mer, plusieurs barques
& groupes de figures enrichissent le devant ; on remarque à la gauche du plan
suivant une forteresse & des fabriques,
ornées de masses d'arbres. La mer qui
se voit du côté opposé est occupée par
plusieurs bâtimens & le fond terminé par
des montagnes.

Hauteur 15 pouces, largeur 23 pouces T.

P L O O M B.

22 Un Paysage enrichi de fabrique & orné
de figures & animaux, on voit à la porté
d'une maison, sur le devant, une Femme épluchant des légumes sur le cul d'un
tonneau ; un jeune Pâtre & plusieurs animaux se remarquent sur le côté opposé,
des masses & groupes d'arbres se voyent
sur les plans suivans & des montagnes
terminent le fonds.

Ce tableau, fin & précieux de
touche, porte 12 pouces 6 lignes
de haut, sur 10 pouces 8 lignes
de large. B.

A B R A H A M S T O R K.

23 Deux vues maritimes ; on voit fur le
devant de la premiere un vaiffeau à la
rade & plufieurs hommes occupés à tirer
leurs filets de l'eau ; une grande étendue
de mer, ornée de differens bâtimens,
termine cette riche compofition. La fe-
conde eft enrichie fur le devant de groupes de figures, & ne le cede en rien
à la précédente pour la richeffe de la
compofition.

Hauteur 9 pouces, largeur 11 pouces. B.

J E A N V A N D E R M E E R.

24 Deux chocs de Cavalerie au piftolet &
à l'arme blanche.

Ces deux riches compofitions joignent à la vigueur de l'action une
grande facilité d'exécution & une
belle harmonie. Hauteur 23 pouces, largeur 30 pouces. T.

ABRAHAM HONDIUS OU DE HONDT.

25 Un choc de Cavalerie & d'Infanterie ;
l'on voit le devant deux Cavaliers
montés fur leurs chevaux, l'un cherchant
à frapper fon adverfaire avec fon fabre,
qui pour l'éviter lui lâche un coup de
piftolet ; un grand nombre de combattans
orne cette riche compofition : un moulin
& deux maifons enflammées occupent le
plan fuivant & le fond fe termine par une
grande étendue de pays.

Hauteur 19 pouces 6 lignes, largeur
30 pouces. T.

26 Un choc de Cavalerie ; on voit fur le
devant plufieurs Guerriers dans l'action ;
des bagages & un gros de troupe occupent les plans fuivans, & des montagnes
terminent le fond.

Cette compofition favante & d'une
couleur vigoureufe, porte 38 pouces 8 lignes de haut, fur 39 pouces
9 lignes de large. T.

PIERRE BRAND.

27 Deux Paysages ornés de figures & animaux, le devant du premier est occupé
par de l'architecture, près de laquelle
on remarque un Cavalier tenant un cheval de main & parlant à un enfant. Sur
le côté gauche un homme & une femme
se reposent. Deux hommes assis près d'un
tonneau se voyent sur le devant du second, une Paysane tenant un enfant par
la main & conduisant une vache & des
moutons, se remarque du côté opposé;
la riviere occupe le second plan; on apperçoit sur le suivant un village entouré
de masses d'arbres; des montagnes, cou-
pées de valons, terminent ces deux gra-
cieuses compositions.

L'on admire, dans ces deux Tableaux, beaucoup d'élégance & de
correction dans les figures, un coloris onctueux & une touche moël-
leuse, joints à des sites pittoref-
ques. Hauteur 14 pouces 6 lignes,
largeur 20 pouces 6 lignes. T.

GREWEMBROCK.

GREWEMBROCK.

28 Deux vues de Paris, l'une prise du Pont-
Neuf & l'autre du Pont-Royal, ornées
d'un nombre infini de figures & animaux.

Hauteur 25 pouces, largeur 45 pouces. T.

BOUT ET BAUDOUIN.

29 Un Paysage orné de fabriques & masses
d'arbres, & enrichi d'un grand nombre
de figures & animaux, touché avec esprit.

Hauteur 11 pouces, largeur 15 pouces
3 lignes. B.

JACQUES PHILIPPE HACKERT.

30 Deux agréables Paysages, ornés de rochers, groupes & masses d'arbres, &
de plusieurs figures sur les devans.

Hauteur 6 pouces 9 lignes, largeur 9
pouces 3 lignes. B.

31 Deux Marines dans le stile de Vanden-
Velde.

B

Hauteur 9 pouces, largeur 11 pouces
6 lignes. B.

ÉCOLE FRANÇOISE.

JACQUES STELLA.

32 Un Sujet allégorique, composé de deux
figures ; on voit à la droite l'Amour les
yeux bandés & lié à un arbre, & sur le
devant un jeune homme occupé à brûler
son carquois & ses flèches.

Ce Tableau fait avec esprit, d'a-
près *le Guide*, réunit à une grande
pureté de dessin, une couleur brillante & une touche très-fine. Hauteur 9 pouces 9 lignes, largeur 13
pouces 6 lignes. C.

SÉBASTIEN BOURDON.

33 Deux Tableaux, l'un représente le Mariage de la Vierge & l'autre la Visitation.

Ces deux compofitions gracieufes
font d'une couleur argentine , &
joignent à un deffin correct , des
caracteres de têtes remplis d'expreffions. Hauteur 15 pouces 3 lignes, largeur 9 pouces 6 lignes. T.
Collé fur B.

EUSTACHE LE SUEUR.

34 L'Ange du Seigneur difparoiffant des yeux
de Manué & d'Elyma , à qui il venoit
d'annoncer que dans un an ils auroient
un fils , & après leur avoir ordonné d'of-
frir à Dieu , en facrifice , le repas qu'ils
lui avoient préparé.

L'on trouve, dans ce Tableau,
une grande ordonnance de compofition , & un deffin pur , réunis à
des attitudes nobles & à une couleur brillante. Hauteur 43 pouces
4 lignes, largeur 32 pouces. T.

B ij

CLAUDE VIGNON.

35 Une belle étude de S. Pierre, vue à mi-corps & vêtue d'un manteau bleu.

Hauteur 22 pouces, largeur 18 pouces. T.

CHARLES DE LA FOSSE.

36 Notre Seigneur en Croix, composition correcte & de la couleur la plus vigoureuse.

Hauteur 22 pouces, largeur 18 pouces. T.

JOSEPH PARROCEL.

37 L'intérieur d'un corps de garde, où plusieurs Soldats s'occupent à boire, & à fumer, des drapeaux & une valise occupent le devant. Le pendant fait voir deux hommes & deux femmes assis prenant le caffé; plusieurs autres figures ornent cette composition.

Hauteur 9 pouces 9 lignes; largeur 13 pouces. T.

NICOLAS CHAPERON.

38 Un Tableau compofé de huit figures , fur
le devant le Dieu Silène eft affis & foutenu
par une Bacchante , un Satyre lui préfente du vin , un fecond eft monté fur
un arbre & preffe une grappe de raifin
dans une coupe que tient une autre Bacchante ; de belles maffes de Payfages
occupent le deuxieme plan & des montagnes terminent le fond.

La facilité & la liberté qui regnent dans cette compofition , la
touche franche & la belle couleur,
doivent le faire regarder comme
une des bonnes productions de ce
maître. Hauteur 41 pouces, largeur 30 pouces 6 lignes. T.

FRANÇOIS VERDIER.

39 Un Sujet de Plafond , repréfentant le
lever du foleil.

Hauteur 31 pouces 6 lignes , largeur
23 pouces. T. Forme ovale.

JEAN-BAPTISTE BLAIN DE FONTENAY.

40 Deux caraffes remplies de différentes fleurs, posées sur des appuis en pierre.
Hauteur 16 pouces 9 lignes, largeur 13 pouces. T.

41 Deux Tableaux repréfentant un vafe & une corbeille de fleurs.
Hauteur 9 pouces, largeur 6 pouces 6 lignes. B.

JEAN-BAPTISTE MARTIN.

42 Deux compofitions différentes des conquêtes de Louis XIV, fur le devant d'une defquelles on le voit, à cheval, entouré de plufieurs Seigneurs de fa Cour.

Ces deux Tableaux, d'une belle couleur & bien confervés, portent 21 pouces de haut, fur 30 pouces de large.

JOSEPH CRISTOPHE.

43 Jacob recevant la bénédiction de son pere Isaac; composition de quatre figures d'une savante exécution.

Hauteur 26 pouces, largeur 44 pouces. T.

JEAN CASTIELLE.

44 Deux Ports de mer enrichis de fabriques, de barques & d'un grand nombre de figures, formant différens groupes intéressans.

Hauteur 7 pouces, largeur 11 pouces. T.

FRANÇOIS MAROT.

45 Flore & Zéphir; vus à mi-corps & répandant des fleurs.

Ce tableau, de forme ronde, porte 9 pouces de diametre. C.

LOUIS GALLOCHE.

46 Deux esquisses largement faites, dont la décolation de S. Denis.

Hauteur 13 pouces, largeur 15 pouces.

B iv

JEAN RESTOU.

47 Une belle étude de vieillard, vu à mi-
corps, les épaules couvertes d'une draperie verte.

Hauteur 22 pouces, largeur 18 pouces. T.

CHANTEREAU.

48 La vue d'un marché Italien; le devant
est occupé par des Marchandes de légumes & différens bestiaux; de l'architecture termine le fond.

Hauteur 23 pouces, largeur 37 pouces. T.

PIERRE PATEL.

49 Un Paysage d'un site pittoresque, enrichi de figures & animaux, touché avec
esprit.

Hauteur 8 pouces, largeur 10 pouces
6 lignes. T.

GABRIEL PERELLE.

50 Deux jolis Paysages, de forme ronde,

enrichis de figures & touchés avec efprit.
Diametre 6 pouces 6 lignes. **B.**

PIERRE SUBLEYRAS.

51 La Pytoniſſe faiſant apparoître l'ombre
de Samuël à Saül , qui venoit la con-
fulter fur le fuccès de la bataille qu'il
devoit livrer aux Philiſtins fur la mon-
tagne de Gelboé.

Ce tableau , d'une couleur brillante , réunit à une belle marche
de compoſition , une grande liberté
d'exécution. Hauteur 36 pouces ,
largeur 48 pouces. **T.**

PIERRE DUMESNIL.

52 Un tableau , dont le devant eſt occupé
par une voiture renverſée , de laquelle
pluſieurs femmes fortent avec peine , &
près delà on voit un Abbé courir après
fa perruque.

Hauteur 21 pouces 6 lignes , largeur
26 pouces 6 lignes. **T.**

Mr. JEAURAT.

53 Moyse trouvé sur les eaux, la gauche du tableau est occupée par la fille de Pharaon, entourée de plusieurs de ses femmes ; on voit sur le côté opposé le Nil duquel l'on retire l'enfant.

Cette composition gracieuse est largement faite & d'une belle couleur. Hauteur 34 pouces, largeur 48 pouces. T.

GABRIEL BRIARD.

54 Une première pensée du plafond de l'Eglise des Dames Augustines de Versailles, représentant l'Assomption de la Vierge, tableau de forme ronde.

Diamètre 16 pouces 6 lignes. T.

55 Trois autres esquisses, Rebecca qui reçoit les présens d'Eliezer, l'élévation en Croix & le Triomphe d'Amphitrite, qui seront divisés sous ce N°.

Mʳ. LAGRENÉ.

56 Deux charmantes compofitions de cet Artifte, l'une repréfente Aréthufe pourfuivie par Alphée & fecourue par Diane, & l'autre Pygmalion amoureux de fa Statue.

Les graces ordinaires & la touche moëlleufe que l'on admire dans les Ouvrages de ce Maître, fe trouvent réunis dans ces tableaux. Hauteur 19 pouces, largeur 13 pouces 6 lignes. T.

Mʳ. NIVARD.

57 Un Payfage orné de fabriques & groupes d'arbres & enrichi de plufieurs figures.

Ce tableau d'une touche fine & fpirituelle, & d'une belle couleur, porte 7 pouces 3 lignes de haut, fur 13 pouces de large. B.

CREPIN.

58 Deux Paysages ornés de figures. Hauteur 4 pouces 6 lignes, largeur 6 pouces 9 lignes. B.

59 Plusieurs belles copies faites d'après *Rubens*, *Teniers*, *le Poussin* & autres qui seront divisées sous ce N°.

60 Trente tableaux de différens Maîtres qui seront divisés.

61 Plusieurs autres tableaux qui seront divisés.

MINIATURES, GOUACHES ET PASTELS.

62 Un homme vu à mi-corps, les épaules couvertes d'un manteau cramoisi, portant au col une cravatte de mousseline, garnie de dentelle; cette miniature d'un caractère gracieux, est exécutée avec le plus grand soin, par *la Arland*, & porte 2 pouces 6 lignes de haut, sur 2 pouces de large.

63 Une jeune fille vue à mi-corps , coëffée
d'un bonnet de mousseline , vêtue d'un
corfet rouge , & portant un fichu & un
tablier de gaze , & la gorge ornée d'un
bouquet de barbeaux : l'on trouve dans
ce joli morceau , peint par *Baudouin* ,
les grâces qu'il a répandu dans ces Ouvrages. Hauteur 2 pouces 2 lignes ,
largeur 1 pouce 9 lignes.

64 La Vue d'un Village, où l'on remarque
plufieurs maifons embrafées pendant la
nuit ; un grand nombre de figures, dif-
tribuées fur différens plans , ornent cette
compofition, qui eft exécutée par *Agri-*
cola. Hauteur 5 pouces 9 lignes , largeur
8 pouces.

65 Deux Vues Hollandoifes , repréfentant
l'Hiver , un grand nombre de figures
patinent fur les canaux glacés ; par le
même. Hauteur 5 pouces 8 lignes ,
largeur 7 pouces.

66 Une attaque de Convoi Militaire , par
des Houffards , précieufement faite par
Ditch. Hauteur 6 pouces 3 lignes , largeur 8 pouces 4 lignes.

67 Une Marine, ornée de fortifications, barques & figures; par le même. Hauteur 6 pouces 4 lignes, largeur 8 pouces 5 lignes.

68 Deux Payfages, ornés de fabriques & enrichis de figures; par le même. Hauteur 6 pouces 6 lignes, largeur 8 pouces 4 lignes.

69 Deux Payfages d'un fite pittorefque, ornés de Fabriques, Cafcades & enrichis de figures, par *Blemet*. Hauteur 6 pouces 6 lignes, largeur 8 pouces 6 lignes.

70 Un agréable Payfage orné de Fabriques, maffes d'Arbres & enrichi de Figures & Animaux; par le *May*. Hauteur 5 pouces, largeur 7 pouces.

71 Deux autres Payfages ornés de Groupes & maffes d'Arbres, & enrichis de figures précieufement faits, par *Burgy*. Hauteur 5 pouces 9 lignes, largeur 7 pouces.

72 Deux Payſages ornés de Ruines & enrichis de Figures & Animaux, par le
même. Hauteur 6 pouces, largeur 7
pouces.

73 Un Payſage, ſur le devant duquel l'on
voit un Pâtre conduiſant deux Vaches &
une Chevre ; fait par *Vagner*. Hauteur 4 pouces 3 lignes, largeur 6
pouces.

74 Deux Payſages, enrichis de Fabriques &
maſſes d'Arbres, & ornés de Figures ;
par *G. Perelle*, de forme ronde. Diametre 5 pouces.

75 Fête à Priape & la Danſe des Ages, de
forme ovale. Hauteur 6 pouces 6 lignes,
largeur 6 pouces.

76 Erigone aſſiſe & preſſant une grappe de
Raiſin ; on voit près d'elle un jeune Satyre
tenant une Tirſe. Cette compoſition,
de forme ronde, eſt peinte au paſtel ;
par *M. Durand*. Diametre 9 pouces.

77 La Marchande de Marons & la Marchande
de Plaiſirs, toutes deux faites au paſtel ;

par le même. Hauteur 11 pouces 9 lignes, largeur 8 pouces 9 lignes.

DESSINS ENCADRÉS.

ÉCOLE D'ITALIE.

LE CHEVALIER POMERANCE.

78 La Mort d'Adonis, composition de trois Figures faites avec esprit, à la plume, lavé au bistre. Hauteur 8 pouces, largeur 10 pouces 10 lignes.

JEAN-PAUL PANINI.

79 Les Vendeurs chassés du Temple, dessin plein de feu, à la plume, lavé d'encre de la Chine. Hauteur 4 pouces 3 lignes, largeur 6 pouces 6 lignes.

SÉBASTIEN RICCI.

80 Le repos en Egypte, dessin gracieux & librement

librement fait à la plume, lavé à l'encre. Hauteur 7 pouces 4 lignes, largeur 13 pouces.

OCTAVE LÉONI, *dit* LE PADOUAN.

81 Deux Portraits d'Homme & de Femme, foigneufement exécutés aux trois crayons. Hauteur 8 pouces 4 lignes, largeur 5 pouces 8 lignes.

LUCAS CAMBINSI, *dit* LE CANGIAGE.

82 Notre Seigneur parmi les Docteurs, & le Martyre de Saint - Jean Porte-Latine, à la plume & au biftre. Hauteur 9 pouces 8 lignes, largeur 7 pouces.

ÉCOLE DES PAYS-BAS.

LÉONARD BRAMER.

83 Deux fujets de la Paffion de Notre-Seigneur, faits avec art, à la plume, lavés à l'encre & rehauffés de blanc: ils viennent des ventes de M. de Julienne

C

& de Monſeigneur le Prince de Conti.
Hauteur 14 pouces, largeur 11 pouces.

JEAN VANGOYEN.

84 Un Payſage d'une agréable compoſition,
le devant eſt orné de pluſieurs figures
dont un homme conduiſant une charette.
Hauteur 7 pouces, largeur 10 pouces
3 lignes.

85 Deux Payſages Maritimes, ornés ſur les
devants de pluſieurs figures, touchés avec
eſprit à la pierre noire. Hauteur 4
pouces 6 lignes, largeur 7 pouces
9 lignes.

JEAN STEEN.

86 Un intérieur de Tabagie, où l'on voit
trois hommes, dont deux aſſis près d'une
table, & jouant aux cartes; fait à la plume
& au biſtre. Hauteur 5 pouces, largeur
7 pouces 2 lignes.

CHRISTIAN-GUILLAUME ERNEST DIETRICI.

87 Un Ange apparoiſſant à un Viellard que

l'on voit affis au pied d'un Arbre ; deffin
largement fait au biftre, rehauffé de blanc.
Hauteur 13 pouces, largeur 17 pouces.

88 Un Homme affis, à qui on préfente un
Lapin, près de lui une Femme paroît
remettre une Lettre en échange d'un
Médaillon ; deffin librement fait à l'encre
de la Chine. Hauteur 9 pouces, largeur
7 pouces 8 lignes.

V. BLARIN-BERGHE.

89 Deux Tempêtes, dans l'une on voit dans
le fort de l'orage un Bâtiment à moitié
fubmergé, & fur le devant plufieurs
Hommes qui échappent avec peine au
naufrage ; ces deux compofitions font
exécutées au biftre & rehauffées de blanc.
Hauteur 8 pouces 4 lignes, largeur 13
pouces 3 lignes.

J. MAYER.

90 Un Payfan faifant paffer à gué la Riviere
à une Charette attelée de Bœufs & de
Chevaux ; deffin fait au biftre. Hau-

teur 3 pouces 8 lignes, largeur 4 pouces 9 lignes.

P. J. LOUTHERBOURG.

91 Un Matelot debout, fumant sa pipe ;
étude faite avec soin au bistre. Hauteur 6 pouces ; largeur 4 pouces 3
lignes.

ÉCOLE FRANÇOISE.

SÉBASTIEN BOURDON.

92 Venus & Adonis, dessin de forme ronde
à la plume & au bistre. Diamettre 5
pouces 9 lignes.

MICHEL CORNEILLE.

93 La Déification d'Enée, riche composition
de douze Figures faite à la sanguine, sur
papier blanc. Hauteur 17 pouces 8 lignes,
largeur 34 pouces.

ANTOINE COYPEL.

94 La Defcente d'Enée aux Enfers, favante compofition faite aux trois crayons, & connue par le Tableau qui en a été exécuté au Palais Royal. Hauteur 7 pouces, largeur 12 pouces 6 lignes.

FRANÇOIS BOUCHER.

95 Un fujet Paftoral, compofé de trois Figures, defliné avec efprit aux crayons noir & blanc, fur papier bleu. Hauteur 10 pouces 9 lignes, largeur 8 pouces 7 lignes; forme ovale.

96 Une Femme aflife près d'une Table, la main appuyée fur un Rouleau de Papier; étude fpirituellement faite de même. Hauteur 10 pouces, largeur 7 pouces 9 lignes.

97 Une Femme, vue à mi-corps, la tête de trois quarts, coëffée en cheveux & appuyée fur fa main droite; étude pleine de grace, faite de même. Hauteur

38   DESSINS ENCADRÉS.

11 pouces 4 lignes, largeur 9 pouces 4
lignes.

98 Un intérieur de Cour, orné de plusieurs
Figures, dessiné à la pierre noire, sur
papier blanc. Hauteur 8 pouces 4 lignes,
largeur 13 pouces.

LOUIS-FELIX DE LA RUE.

99 Plusieurs Enfans jouant avec une Chevre,
dessin fait à la plume & au bistre. Hauteur 6 pouces 9 lignes, largeur 9
pouces.

JACQUES DUMONT LE ROMAIN.

100 Un Paysage d'un site agréable ; on voit
sur le devant Diane & une de ses Nymphes se reposant au bord d'un Ruisseau ;
on remarque à côté d'elles un Cor de
Chasse, un Lievre & plusieurs Perdrix :
cette composition est exécutée avec soin
à la sanguine, sur papier blanc. Hauteur 31 pouces 6 lignes, largeur 28
pouces 6 lignes : forme ovale.

101 Le Lever de l'Aurore, étude de plafond, faite de même, d'après *le Brun*. Hauteur 12 pouces, largeur 16 pouces.

M. JEAURAT.

102 Saint François en priere, & le départ d'Adonis, aux crayons noir & blanc, sur papier bleu.

AUBRY.

103 Les Offres féduifantes, compofition de deux Figures : ce deffin eft librement fait au biftre, fur papier blanc. Hauteur 10 pouces, largeur 7 pouces 10 lignes.

M. PARIZEAU.

104 Deux Deffins, faits avec efprit, à la plume, lavés au biftre, dont un fujet de Sacrifice. Hauteur 3 pouces, largeur 10 pouces 9 lignes.

M. MARILLIER.

105 Le Repos des Nymphes de Diane, &

C iv

pour pendant Venus & les Graces au
Bain ; l'une d'elles tient deux Colombes dans ses mains. Ces deux Dessins
sont faits à la plume & au bistre. Hauteur 14 pouces 9 lignes, largeur 6 pouces 8 lignes.

106 Une composition de neuf Figures, dessinées avec soin, à la mine de plomb
sur velin. Hauteur 4 pouces 2 lignes,
largeur 2 pouces 8 lignes.

M. NOEL.

107 Trois petits Paysages Maritimes, enrichis de Fabriques & ornés de Figures,
précieusement faits à la quarelle. Hauteur 18 lignes, largeur 15 lignes,
forme ovale, & dans des bordures de
bronze.

M. DESFRICHÉS.

108 Deux Paysages, riches de composition,
ornés de belles Fabriques, & enrichis
de beaucoup de Figures & Animaux,
faits à la pierre noire sur papier blanc.
Hauteur 10 pouces 6 lignes, largeur
11 pouces 6 lignes.

109 Un autre Payſage, auſſi enrichi de Figures & fait de même. Hauteur 3 pouces 4 lignes, largeur 5 pouces 6 lignes.

110. Deux Payſages pittoreſques, largement faits à la plume, lavés au biſtre & re-hauſſés de blanc. Hauteur 10 pouces, largeur 15 pouces.

DESSINS EN FEUILLES.

ÉCOLE FLORENTINE.

FRERE BARTHELMY, dit SAN-MARCO.

111 Une Feuille d'Etude de cinq Religieux faite avec eſprit, à la plume & au biſtre, & une Tête de Chérubin, graſſement deſſinée, à la pierre noire.

MICHEL-ANGE BUONAROTA.

112 Deux Etudes de Figures d'hommes, ſavamment faites, à la pierre noire, ſur papier gris.

113 La Vierge & l'Enfant Jefus, deſſin à
la plume, & une feuille d'Etude de
deux Figures, faite au crayon noir.

BACCIO BANDINELLI.

114 Une Feuille contenant divers croquis
de Figures, faits avec efprit, à la plume
& un autre de divers études faites de
même.

ANDRÉ DEL-SARTO.

115 Un Deſſin où l'on compte cinq Figures
vues à mi-corps, & qui paroît être une
étude faite pour un Tableau : & une
autre feuille d'étude, tous deux à la
plume & lavés au biſtre.

116 La Viſitation & deux autres Deſſins,
dont la Vierge portée fur un Croiſſant,
& tenant font Fils dans fes bras, faits
à la fanguine.

117 Deux hommes qui paroiſſent converſer,
deſſin au crayon noir, rehauſſé de blanc
& deux feuilles d'études, largement
faites, à la fanguine.

Les progrès qu'André Del-

Sarto fit dans le Deffin, décé-
lerent fon goût pour la Peinture,
l'on admire dans fes Ouvrages
une maniere fiere & favante,
une grande correction dans fes
contours, & des draperies ar-
tiftement jettées.

JACQUES CARRUCCI, *dit* LE PONTORME.

118 L'Affomption de la Vierge, compofition de huit Figures favament exécutée au biftre, rehauffée de blanc.
Hauteur 10 pouces, largeur 8 pouces
4 lignes.

119 Deux Feuilles d'Etudes de Figures,
deffinées avec efprit, à la pierre noire
& à la fanguine.

AGNOLO BRONZINO.

120 David repentant, Deffin richement
compofé & fait à la plume, lavé au
biftre. Hauteur 8 pouces, largeur 5
pouces 9 lignes.

PIERRE BUONACORSI, *s'appelloit* PERIN DEL-VAGA.

122 Le Deffin du Tombeau d'un Pape, que l'on voit daus une des Chapelles de l'Eglife de Saint Pierre ; fait à la plume, & une feuille où l'on voit trois Anges. faits avec efprit à la pierre noire.

DANIEL RICCIARELLI DE VOLTERRE.

123 Deux Feuilles d'Etudes , deffinées foigneufement à la pierre noire, dont une de la defcente de Croix , dont le Tableau eft peint à frefque , dans l'Eglife de la Trinité du Mont à Rome , & l'autre du Gladiateur mourant.

FRANÇOIS SALVIATI.

124 Une Defcente de Croix, riche compofition de neuf Figures favament deffinée à la fanguine. Hauteur 8 pouces 9 lignes, largeur 7 pouces 9 lignes.

GEORGE VASARI.

125 Notre Seigneur guériffant le Paralytique

à la porte dn Temple ; on le voit entouré de ſes Diſciples & d'un grand
nombre de Perſonnes. Ce Deſſin eſt fait
avec ſoin à la plume, lavé de biſtre
& rehauſſé de blanc. Hauteur 9 pouces,
largeur 13 pouces.

126 Deux autres, dont la Vierge tenant
ſon Fils ſur ſes genoux ; deux Saints &
un Ange ſe voient près d'elle ; l'un
d'eux tient une plume & écrit ſur une
légende ; faits au crayon noir, ſur papier blanc.

LOUIS CIVOLI *ou* **CIGOLI**, *s'appelloit* **CARDI.**

127 Saint Jean dans le Déſert, Deſſin à la
plume, lavé au biſtre, & une étude de
Figures drapées, faite à la ſanguine.

128 Une Etude de Saint Jean l'Evangéliſte,
au crayon noir & blanc, ſur papier
bleu, & une de figure nue à la ſanguine.

ETIENNE DELLA BELLA.

129 Un Sujet de Bacchanales, de forme
ronde, connu par l'Eſtampe qu'en a

grayée ce Maître; on y voit fur le de
une Femme conduifant une Chevre
fur le dos de laquelle eft affis un Enfant;
elle eft fuivie par deux Satyres, dont
un porte une corbeille de fruits fur fa
tête; un riche Payfage termine le fond.
Diametre 7 pouces 10 lignes.

130 Deux Sujets de Caravane, compofés
chacun de quinze Figures & Animaux,
finement deffinés à la plume; le premier légérement lavé de biftre. Hauteur 5 pouces 7 lignes, largeur 8
pouces.

131 Un Sujet de Bataille à la plume & au
biftre, & deux autres précieufement
deffinés à la mine de plomb, dont une
marche de Cavalerie.

132 Trois Feuilles d'Etudes de divers
Animaux, faites avec efprit à la mine
de plomb.

La maniere favante dont cet
Artifte a traité fes différentes compofitions, l'efprit & la légéreté
qui regnent dans fes deffins, & la

franchife de fa touche , les feront toujours admirer. L'on trouve dans fes caracteres de Têtes une nobleffe & une beauté qui enchantent ; ce grand Maître a également exécuté l'Hiftoire , les Batailles , le Pay-fage , les Animaux & le Grotef-que.

JEAN DE SAINT-JEAN.

133 Le Calvaire , on voit au pied de la Croix la Magdelaine accompagnée des Saintes Femmes & de Saint Jean , deffin à la plume , & quatre feuilles d'études diverfes aux trois crayons.

ANTOINE TEMPESTE.

134 Batailles des Romains & des Sabins ; où ils font féparés par leurs nouvelles Epoufes; deffin favament fait à la plume & trois autres, dont la mort d'Abfalon, à la plume , lavé d'encre.

135 Deux différentes cempofitions de Perfée

qui délivre Andromede ; deſſins faits avec fineſſe à la plume & au biſtre, ſur papier blanc.

BERNARD POCCHETTI.

136 Le Martyte de Saint Etienne, compoſition de plus de vingt Figures, dont le Tableau ſe voyoit à Florence dans l'Egliſe des Capucins, avant l'incendie, qui l'a totalement conſumé ; à la plume & au biſtre, ſur papier blanc. Hauteur 7 pouces, largeur 10 pouces 10 lignes.

137 Une compoſition de quinze Figures, à la plume & au biſtre , rehauſſée de blanc , & une Etude de Figure au crayon noir & à la ſanguine.

138 Deux Deſſins à la plume & au biſtre , dont la Circonciſion , & une Etude de Figure à la ſanguine.

MARC-ANTOINE FRANCESCHINI.

139 Sainte Catherine de Sienne, à qui la Vierge & ſon Fils apparoiſſent portés

ſur

fur un nuage, entourés d'Anges & de Chérubins ; deffin gracieux, exécuté à la plume & au biftre, fur papier blanc. Hauteur 9 pouces 8 lignes, largeur 7 pouces.

140 Quatre compofitions diverfes, dont l'Adoration des Bergers, & l'Apparition de N. S. à plufieurs Saints, faites à la plume & au biftre.

141 Dix-huit Deffins, Sujets & Etudes de *F. Salviati, V. Salembeni, B. Franco, B. Cellini, Bianco, L. Penni, G. Vafari,* & autres Maîtres de cette Ecole, qui feront divifés fous ce N°.

ÉCOLE DE SIENNE.

DOMINIQUE BECCAFUMI, *dit* MICARIN DE SIENNE.

142 Deux différentes penfées du Chrift au Tombeau, exécutées à la plume, & lavées au biftre fur papier gris.

D

143 Deux sujets allégoriques, dans l'un
desquels on voit un Guerrier s'enfon-
çant son épée dans l'estomac, sur le
devant une Femme est assise, tenant un
Serpent de la main droite; & dans le
haut un Génie portant une banderole;
ils sont faits tous deux à la plume & au
bistre, rehaussés de blanc.

BALTHASAR PERUZZI.

144 L'Adoration des Rois, & les Noces de
Cana, tous deux faits avec esprit, à la
plume & lavés au bistre.

145 L'Adoration des Bergers, grande composition en hauteur, faite de même.

FRANÇOIS VANNIUS.

146 La Vierge portant son Fils sur ses genoux, elle est assise sur des nuages, sou-
tenue & couronnée par plusieurs Anges;
ce gracieux Dessin est fait avec esprit à
la plume, lavé à l'indigo sur papier
blanc. Hauteur 7 pouces, largeur 7
pouces 6 lignes.

147 La Mort de la Vierge, belle compofition à la plume & au biftre, & fon
Affomption, favament exécutée aux
trois crayons.

148 La Vierge & fon Fils portés fur un
nuage, & foutenus par plufieurs Anges,
à la plume & au biftre, & une Etude
d'Enfant, à la pierre noire.

149 La Vierge des Sept Douleurs, accompagnée de plufieurs Saints, & l'Enfant
Jéfus dans les bras de fa Mere, portés
fur un nuage accompagnés d'Anges,
tous deux à la plume & au biftre.

150 Le Mariage de la Vierge, à la plume,
lavé d'indigo, & trois compofitions
différentes de Saintes Familles.

151 Quatre compofitions & études diverfes,
faites à la fanguine, dont S. Philippe
de Neri en priere.

152 Quatre autres faites de même, dont
Ste. Catherine couronnée par un Ange.

La belle maniere que ce Maître
acquit dans l'Ecole du Baroche,

D ij

& l'étude qu'il fit des Ouvrages du Corrège, doit prouver l'utilité d'étudier les productions des grands Maîtres ; outre l'invention brillante de fes compofitions & la correction de fon Deffin, cet Artifte réuniffoit à fes talents dans la Peinture, beaucoup de connoiffances dans l'Architecture ; & l'on aime retrouver dans fes Ouvrages les graces de fon Maître, dont il a été le parfait imitateur.

VENTURA SALIMBENI.

153 La Vierge tenant fon Fils dans fes bras, elle eft affife fur un Trône, & à leurs pieds plufieurs Saints & Saintes, dont une partie font à genoux ; ce Deffin plein de grace, eft fait à la plume, lavé de fanguine. Hauteur 7 pouces 9 lignes, largeur 5 pouces 3 lignes, & une feuille d'Etude à la fanguine.

MARC DE SIENNE.

154 Le Chrift mort, pofé fur les genoux de la Vierge, & à qui S. François baife la main gauche, deux Anges fe voient debout derriere elle.

Ce Deffin, dont les caracteres des têtes font de la plus belle expreffion, réunit à une grande correction une belle confervation ; il eft fait au crayon noir, & à la fanguine, fur papier blanc, & porte 8 pouces 8 lignes de haut, fur 7 pouces de large.

155 Plufieurs Deffins de différens Maîtres, qui feront divifés fous ce N°.

ÉCOLE ROMAINE.

JULIO PIPI, dit JULES ROMAIN.

156 Une Etude de la difpute du Saint Sacre-

ment deffinée avec foin, par *J. Romain*, d'après *Raphaël*, à la plume fur papier blanc. Hauteur 7 pouces 3 lignes, largeur 13 pouces.

POLIDOR CALDARA, *dit* DE CARAVAGE.

157 Un morceau d'Architecture, dans le milieu duquel on voit les Armées de Médecis, quatre Figures foutenant un Cartouche & une Couronne de Laurier; ce Deffin, d'une favante exécution, eft fait à la plume, lavé au biftre, & rehauffé de blanc. Hauteur 11 pouces 6 lignes, largeur 10 pouces 10 lignes.

158 Deux Frises; l'une repréfentant le triomphe d'un Conful romain, deffinées à la plume, & lavées au biftre. Hauteur 4 pouces, longueur 26 pouces.

159 Deux autres, dont l'une repréfente plufieurs Guerriers tenant leurs Chevaux par la bride, & un autre ayant à la main fon épée, faites de même.

160 Les vendeurs chaffés du Temple, &

deux autres études, dont une de Bel-
lone, à la plume, lavée au biftre &
rehauffée de blanc.

L'étude des beaux morceaux
antiques acquirent au Polidor une
maniere de deffiner grande & correcte, l'on admire dans fes Ouvrages une févérité & une élégance parfaite, des têtes pleines
d'expreffion & des draperies du
plus grand ftile.

MATHURIN DE FLORENCE.

161 Enée facrifiant dans l'antre des Cimmé-
riens avant fa defcente aux enfers, compofition fage, correctement deffinée à
la plume, lavé au biftre & rehauffé de
blanc. Hauteur 8 pouces, largeur 19
pouces.

162 La Force repréfentée par une Femme
affife, la tête coëffée d'un cafque, foutenant une colonne de la main droite,

deux Génies dans le haut foutiennent
une draperie; ce deffin de la plus grande
pureté, eft favamment exécuté à la plume, lavé au biftre & rehauffé de blanc.
Hauteur 7 pouces 6 lignes, largeur 4
pouces 6 lignes.

163 Deux Deffins, qui ne cedent en rien
au précédent, pour le grand ftile & la
févérité de l'exécution, dont l'un repréfente la Sibylle qui enfeigne à Enée
le chemin des enfers, faits de même.

FRÉDÉRIC BAROCHE.

164 La fuite en Egypte, compofition pleine
de grace, deffinée avec fineffe, à la
plume fur papier blanc. Hauteur 6
pouces 6 lignes, largeur 9 pouces 6
lignes.

165 Le Baptême de Clovis, à la plume &
au biftre, & une étude d'Adoration des
Bergers, faits de même & rehauffés de
blanc.

166 La fuite & le repos en Egypte, deffins
à la plume, fur papier blanc.

167 La Priere au Jardin des Olives , & un Saint guériffant des Aveugles , tous deux à la plume , lavés au biftre ; & une belle étude de tête d'homme au crayon noir & à la fanguine.

168 Trois feuilles d'études de Vierges , graffement faites aux crayons noir & blanc.

Le Baroche eft un de ces Peintres à qui la nature s'eft plu à donner les plus grandes facilités ; le jugement que l'on remarque dans fes compofitions , l'air gracieux de fes têtes , la fineffe & l'efprit de fa touche ne cefferont de le faire admirer.

TADÉE ZUCCARO.

169 Une Gloire, dans le milieu de laquelle on voit le Pere Eternel entouré d'Anges & de Chérubins ; cette riche compofition eft connue par le tableau qui en a

été exécuté, par T. Zuccaro, dans l'E-
glife de S. Marcel à Rome, deffiné
à la plume & lavé au biftre fur papier
blanc. Hauteur 10 pouces, largeur
15 pouces 9 lignes.

170 La Defcente du S. Efprit, & l'intérieur
d'un Réfectoire, où plufieurs Moines
font à table ; on voit, dans le haut, le
Chrift mort entouré de la Vierge & de
deux Saints, deffins faits à la plume &
au biftre.

Frédéric Zuccaro.

171 La Defcente du Saint-Efprit, & un
Ange affis fur un nuage, portant la
Croix de notre Seigneur, à la plume &
au biftre.

172 Quatre feuilles contenant différentes
études & croquis de figures, faites
avec efprit, à la plume, fur papier
blanc.

173 La Toilette de Vénus, & deux différentes compofitions de Diane au bain,

faites à la plume, & une étude de figure
à la fanguine fur papier blanc.

RAPHAELLINO DE REGGIO.

174 Un fujet allégorique, on voit dans le
milieu un Génie aîlé, à fes côtés un
homme tient un livre, & une femme
ayant d'une main une épée, porte de
l'autre une flamme, & une feuille d'é-
tudes de plufieurs Anges à la plume &
au biftre.

CHRISTOPHE RONCALLI, *dit* LE CHE-
VALIER POMERANCE.

175 Une feuille, où l'on compte cinq figures, qui paroît être une étude de facrifice ; deffin fait avec liberté à la plume,
lavé au biftre, & le Myftere de la Sainte
Trinité, au crayon noir.

176 Le Pere Eternel accompagné de fon
fils, tous deux affis fur des nuages, foutenus par des Chérubins ; on voit le S.
Efprit au-deffus de leurs têtes, & une

étude de plusieurs figures à la plume &
au bistre.

JOSEPH CÉSAR DARPINAS, *dit* LE CHEVALIER JOSEPIN.

177 Fulvia perçant la langue de Cicéron ;
ce dessin, composé de quatre figures,
est fait à la plume & au bistre ; & la
Vierge & son fils, entourés de Chérubins, au crayon noir.

178 Une étude d'Ange, faite avec esprit,
au crayon noir & blanc ; & deux autres
à la sanguine, l'une de Satyre, & l'autre de Guerrier, vu à mi-corps.

179 Quatre études faites à la sanguine, deux
femmes vues à mi-corps, une feuille de
la chûte des réprouvés & une de deux
enfans.

Des idées pleines de feu, une
composition élevée, les graces &
l'élégance répandues dans les Ouvrages du Josepin, réunies à la

franchise & à la fermeté de la touche, les feront toujours estimer.

LIVIO AGRESTI.

180 Persée coupant la tête de Méduse, on le voit sur le second plan tenant la tête de cette Gorgone, du sang de laquelle naît le cheval Pégaze, fait à la plume & lavé au bistre. Hauteur 6 pouces 10 lignes, largeur 17 pouces 6 lignes.

VESPASIEN STRADA.

181 Un Tabernacle soutenu par quatre Anges, l'on voit au-dessus le Pere Eternel & son Fils soutenant une couronne, ils sont entourés de nuages & de Chérubins, à la plume & au bistre sur papier blanc. Hauteur 25 pouces, largeur 7 pouces.

ANDRÉ CAMASSEI.

182 Miracle arrivé devant la Sainte Hostie,

deſſin d'une riche compoſition , au crayon noir & blanc , & une étude de tête à la ſanguine , mêlée de Pierre noire.

183 Deux deſſins , compoſitions différentes de la Préſentation au Temple & deux feuilles d'études , tous quatre à la ſanguine.

FRANÇOIS ALLÉGRINI.

184 L'Annonciation de la Vierge, & quatre Anges portés ſur des nuages formant un concert , deſſins à la plume , lavés au biſtre , & une étude à la pierre noire, mêlée de ſanguine.

PIETRO BERETTINI DE CORTONE.

185 La Vierge aux Limbes ; on la voit portée ſur un nuage , tenant ſon Fils dans ſes bras , & entourée d'Anges , dont l'un paroît tirer les âmes du pur-gatoire ; ce deſſin , qui peut paſſer pour un des plus terminés de ce Maître , eſt

fait à la plume, lavé d'encre & rehauffé de blanc fur papier gris. Hauteur 7 pouces 4 lignes, largeur 5 pouces 8 lignes.

186 Un Tabernacle, près duquel on voit plufieurs Saints & Saintes à genoux & en acte d'adoration, le Pere Eternel porté fur un nuage, entouré d'Anges & de Chérubins, fe voit dans le haut; cette compofition, d'une exécution auffi terminée que la précédente, eft faite de même, & porte 6 pouces 3 lignes de haut, fur 9 pouces 6 lignes de large.

187 Cléopatre fe jettant aux pieds d'Octave après la bataille d'Actium; ce deffin, d'une favante exécution, eft fait à l'encre & au biftre fur tiffu de foie. Hauteur 6 pouces 3 lignes, largeur 14 pouces 10 lignes.

188 Deux feuilles d'études, dont une faite d'après l'arc de Conftantin, correctement deffinées au crayon noir, lavées de biftre & rehauffées de blanc.

189 Deux deſſins ſavamment faits à la plume, dont un repréſente pluſieurs études de la Religion.

190 Une étude de l'enlevement des Sabines, à la pierre noire, mêlée de ſanguine, & une de deux Anges, entourés de nuages, à la plume & au biſtre rehauſſée de blanc.

191 Le mariage de Sainte Catherine, à la pierre noire, & la Vierge aux Limbes, à la plume & au biſtre, tous deux ſur papier gris.

192 Deux deſſins, dont l'enfant Jeſus à la Creche, à la plume & au biſtre.

193 Marie, ſœur de Marthe, aux pieds de notre Seigneur, deſſin largement fait, au biſtre, & deux autres feuilles d'étude à la plume.

194 Trois études, dont une de ſoldat debout, tenant ſa pique & ſon bouclier, & deux autres d'enfans, toutes trois à la ſanguine, la premiere rehauſſée de blanc.

195

195 Quatre deſſins, académies, figures drapées, & études de têtes, aux trois
crayons, ſur différens papiers.

Les vaſtes penſées de P. de Cortone, lui firent exécuter des compoſitions d'une marche ſavante,
il prouva, par ſon aſſiduité au
travail, que le génie une fois dé-
veloppé, peut produire des chef-
d'œuvres; on remarque, dans ſes
Ouvrages, des graces naïves,
beaucoup d'expreſſion & une belle
entente du clair obſcur.

JEAN-LAURENT, *dit* LE CHEVALIER BERNIN.

196 Notre Seigneur en Croix, porté ſur
un nuage, entouré de pluſieurs Anges,
dont deux en acte d'adoration, & deux
autres deſſins; dont une premiere pen-
ſée de la Chaire de S. Pierre, à la plume, lavés d'encre & de biſtre.

E

ANDRÉ SACCHI.

197 L'Apparition de l'Ange à S. Joseph, & la Fuite en Egypte, deffinées à la plume, lavés d'encre & de biftre.

198 La Pithoniffe faifant apparoître l'ombre de Samuël à Saül, qui venoit la con-fulter fur le fuccès de la bataille qu'il devoit livrer aux Philiftins fur la mon-tagne de Gelboé, & une étude de pla-fond, repréfentant le Deftin ; tous deux graffement faits à la fanguine.

199 Une étude de Calvaire, à la plume, lavé de biftre, & trois autres ; dont une de tête, aux crayons noir & blanc.

PIETRE TESTA.

200 Jacob recevant la bénédiction de fon pere, & une étude de fleuve ; deffinés tous deux avec efprit, à la plume, le premier lavé au biftre.

201 L'Afcenfion de notre Seigneur Jefus-Chrift, & l'Affomption de la Vierge, deffinées à la plume.

202 Deux autres compofitions diverfes de l'Afcenfion de notre Seigneur Jefus-Chrift, à la plume & au biftre.

Les compofitions de P. Tefte, fe font remarquer par une imagination vive & pleine de feu. L'efprit & la fineffe qui regnent dans fes Ouvrages, pourroient y faire défirer plus de correction.

GUASPRE DUGHET, *dit* LE POUSSIN.

203 Six Payfages pittorefquement deffinés à la plume & aux trois crayons, fur différens papiers, repréfentans plufieurs vues de campagnes de Rome & de Tivoli.

FRANÇOIS RAMANELLI.

204 Le repos en Egypte, compofition de fix figures, faite avec efprit à la plume, & légerement aquarellé ; hauteur 6 pouces 10 lignes ; largeur 9 pouces 6 lignes.

E ij

205 Loth & fes filles, & la fuite des Troyens
après l'embrafement d'Ilion, à la plume & au biftre, le fecond rehauffé de
blanc, & une étude de plafond à la
fanguine.

206 Trois compofitions diverfes, à la plume & au crayon rouge, dont Moyfe
fecourant les filles de Jéthro.

Des compofitions nobles & éle-
vées, les graces qui regnent dans
les airs de tête, & la touche facile que l'on trouve dans les Ouvrages de *Romanelli*, qui ont
acquis, à jufte titre, l'eftime des
gens de goût.

PHILIPPE LAURI.

207 L'Arrivée d'Herminie chez les Bergers,
compofition gracieufe, touchée avec
toute la fineffe imaginable, & connue
par le Tableau qui eft au Palais Doria
à Rome, deffinée à la plume, & légé-

rement aquarellée. Hauteur 7 pouces
10 lignes, largeur 13 pouces.

208 Le Repos de Diane; on la voit affife,
endormie, & entourée de fes Nymphes, jouant de divers inftrumens ; ce
deffin, riche de compofition, eft fait
avec foin à l'encre de la Chine. Hauteur 7 pouces 4 lignes, largeur 8 pouces 8 lignes.

209 La Vierge & fon Fils portés fur un
nuage, l'on voit une Sainte à genoux à
leurs pieds, & un fujet allégorique fur
la Paix, faits avec efprit, à la plume
& au biftre.

L'imagination vive de *P. Lauri*
lui fit produire des compofitions
aimables ; on trouve dans fa maniere de deffiner beaucoup de
correction, fon Payfage eft fait
avec goût, la couleur tranfparente
& la légéreté de fa touche ont
rendu fes Ouvrages agréables.

E iij

HYACINTHE BRANDI.

210 Saint François aux pieds de la Vierge
& de Jefus-Chrift, que l'on voit affis
fur un nuage; à la plume & au biftre,
& une étude de Magdeleine, à la pierre
noire.

LAZARO BALDI.

211 Le Chrift au Tombeau, compofition
de huit figures correctement deffinées à
la plume & lavées au biftre, d'après le
Tableau du *Tintoret*, qui eft à Venife
dans l'Eglife de Saint Roch. Hauteur
9 pouces 6 lignes, largeur 5 pouces
10 lignes.

212 La Réfurrection du Lazare, & l'Affomption de la Vierge, à la plume &
au biftre.

213 Trois Evangéliftes, avec leurs attributs,
portés fur des nuages; ils font largement exécutés, à l'encre de la Chine,
rehauffés de blanc.

CARLO MARATTI.

214 L'Annonciation de la Vierge ; on voit dans le haut le Pere Eternel foutenu par un groupe d'Anges, & entouré de Chérubins ; cette compofition, pleine de grace & de fineffe, eft deffinée à la plume & lavée au biftre fur papier blanc. Hauteur 12 pouces, largeur 8 pouces.

215 Une Fête de Village ; on voit fur le devant des jeunes Garçons & des jeunes Filles, danfant autour d'un mai, au fon de divers inftrumens : cette compofition riche & deffinée avec efprit, eft faite aux crayons noir & blanc. Hauteur 9 pouces 6 lignes, largeur 17 pouces.

216 Notre Seigneur & la Samaritaine, & la Religion affife fur un nuage ; ces deux deffins font foigneufement faits aux crayons noir & blanc fur papier gris.

217 Mercure & Argus, & une étude d'Enfant, faits à la fanguine, fur papier blanc.

E iv

218 L'Adoration des Rois, à la plume &
au biftre, une étude d'Ange, à la pierre
noire, & une feuille de deux Enfans,
à la fanguine & au crayon blanc.

219 Une Etude de Saint-Jean & une de
Saint François, aux crayons noir &
blanc, & une d'Enfant à la fanguine.

220 Trois Etudes, faites à la fanguine fur
papier blanc, dont une d'Ange portant
une banderolle.

221 Quatre compofitions diverfes, dont
l'Affomption de la Vierge, & la Prédication de Saint Jean, à la plume &
au biftre.

222 Six feuilles d'Etudes de Figures & de
Têtes, favament deffinées à la plume,
lavées au biftre, & aux crayons noir &
blanc.

C. Maratte fut envoyé à Rome
dès l'âge de douze ans, où il fe
forma fur les Ouvrages des grands
Maîtres ; l'étendue de fon génie

lui fit traiter également bien l'Hiftoire, la Fable & l'Allégorie, les idées heureufes qui regnent dans fes compofitions, jointes à des expreffions raviffantes, à des caracteres de Têtes nobles, & la grande maniere dont elles font deffinées, lui ont acquis la réputation dont il jouit à fi jufte titre.

CIRO FERRI.

223 La Sainte Famille, accompagnée du petit Saint Jean, & Saint Charles portant en proceffion les faints Clous; faits tous deux à la plume, lavés au biftre, le dernier rehauffé de blanc.

224 Un Sujet allégorique, où l'on voit plufieurs Divinités raffemblées; le fecond offre une Déeffe affife fur un nuage entouré d'Amours, à qui un génie préfente une corbelle, à la plume fur papier blanc.

JOSEPH GHEZZI.

225 Cinq compofitions, dont l'Apparition
de l'Ange à Saint Bruno, Saint Jérôme
en priere, & Hercule & Omphale,
aux crayons noir & blanc, & à l'encre
de la Chine.

NICOLAS BERETTONI.

226 L'Enfant Jefus à la Crêche, & les Apôtres au Tombeau de N. S., à la plume,
le premier lavé au biftre.

LOUIS GARZI.

227 Le Chrift mort, affis fur un nuage,
foutenu par un Ange, la Vierge fe voit
à côté de lui dans l'expreffion de la
douleur; deux Anges affis fur le devant
tiennent divers inftrumens de la Paffion:
le Pere Eternel fe voit dans le haut. Ce
Deffin favant de compofition, & du plus
bel effet, eft exécuté à la plume, lavé
d'encre de la Chine. Hauteur 17 pouces
6 lignes, largeur 9 pouces 6 lignes.

228 Deux penfées différentes de Saint Phi-

lippe de Neri, dont le Tableau est au Palais Colone, à Rome : dessinées avec soin à la pierre noire.

229 Mars & Vénus, Diane assise sur un croissant, à la plume lavé d'encre de la Chine.

230 Trois Desseins, dont l'arrivée de la Sainte Famille en Egypte, à la plume lavé d'encre.

Ce Peintre traita également bien l'Histoire, l'Architecture & le Paysage. On admire dans ses Ouvrages beaucoup de richesses dans la composition, des Groupes bien distribués, un grand goût dans ses draperies, un dessin correct & une touche facile.

JEAN-BAPTISTE GAULI *dit* LE BACHICHE.

231 Elie enlevé au Ciel dans un Char de feu; on voit Notre Seigneur porté par

un Groupe d'Anges , & plus haut le Pere Eternel. Ce Deſſin à la plume & au biſtre porte 14 pouces de haut , ſur 8 pouces 8 lignes de large.

232 Une feuille d'Etude de quatre Enfans portés ſur des nuages , ſavament exécu-tée à la ſanguine & au crayon blanc , ſur papier gris. Hauteur 19 pouces 6 lignes , largeur 14 pouces 9 lignes.

233 Un ſujet de Plafond repréſentant les Saiſons , & une Etude de Figures , faits à la plume & au biſtre.

ANDRÉ POZZI.

234 Deux Deſſins , dont l'intérieur d'un Hôpital , où l'on voit pluſieurs Reli-gieux qui ſoignent des Malades , aux crayons noir & blanc.

ETIENNE POZZI.

235 La Vierge aſſiſe ſur un nuage , tenant ſon Fils dans ſes bras , on voit un Saint & une Sainte à genoux à leurs pieds ; Deſſin fait aux crayons noir & blanc ,

fur papier bleu. Hauteur 16 pouces 6 lignes, largeur 7 pouces 3 lignes.

JOSEPH PASSARI.

236 Un Deffin de Plafond, où l'on voit plufieurs Anges, dont un tenant une Couronne, fait avec feu, à la plume, lavé au biftre, & rehauffé de blanc. Longueur 11 pouces, largeur 9 pouces, forme ovale.

237 Le Repos en Egypte, & une feuille d'Etude, où l'on voit plufieurs Saints & Saintes, deffinés à la plume, lavés au biftre, & rehauffés de blanc.

238 La Vierge faifant lire fon Fils, fon Affomption, & une Etude de Soldat; le premier à la plume, lavé de fanguine.

Les Ouvrages du *Paffari* font d'une compofition fougueufe; l'Etude que lui fit faire *C. Maratte* des grands Maîtres, lui donna beaucoup de correction, & une

maniere favante dans fon exécution.

JOSEPH CHIARI.

239 Le frappement du Rocher, Deffin à la
plume ; le Chrift mort, au crayon noir,
& S. Pierre & S. Paul, à la plume,
lavé à l'encre de la Chine.

240 Deux Anges affis fur des nuages, faifant de la mufique, & deux Etudes
d'Enfants, tous trois à la fanguine.

FRANÇOIS TREVISANI.

241 La Flagellation de N. S., & fon porte-
ment de Croix ; tous deux faits à la
plume & au biftre.

242 Deux Etudes de Figures de Plafond,
deffinées à la fanguine.

BENOIST LUTTI.

233 Vénus à qui l'Amour tire une épine du
pied ; ce Deffin agréable eft fait à la
plume, lavé d'encre de la Chine, &

a) rehauſſé de blanc ſur papier bleu. Hauteur 7 pouces 9 lignes, largeur 9 pouces 10 lignes.

244 Deux compoſitions différentes de Saint Antoine de Padoue, baiſant les pieds de l'Enfant Jeſus, à la plume & au biſtre.

245 La Prière au Jardin des Olives, & le Chriſt au Tombeau, à la plume, lavé à l'encre de la Chine.

L'étude des grands Maîtres fit de *B. Lutti* un des Peintres le plus gracieux, la belle expreſſion, les graces & le charme qui régnent dans ſes Ouvrages, les ont rendu recommandables.

PIERRE LUCATELLI.

246 La Sainte Famille accompagnée de S. Jean & de Ste. Eliſabeth, Deſſin librement fait au biſtre ſur papier blanc. Hauteur 9 pouces 3 lignes, largeur 10 pouces.

247 Deux compofitions différentes de la
Vierge, tenant fon Fils fur fes genoux,
& une Etude de S. André, faits tous
trois à la pierre noire.

Antoine Gherardi de Rieti.

248 La Préfentation au Temple ; & la fuite
en Egypte, à la plume, lavé d'encre de
la Chine; & le Couronnement d'Epines,
belle compofition à la plume, lavé
d'indigo.

Jean Paul Panini.

249 Quatre Deffins, repréfentant les reftes
de divers Monuments de Rome, enrichis de Payfages, à la plume, & à l'encre de la Chine.

Marc Benifiali.

250 Notre Seigneur à la Colonne, & un
Hôpital où l'on tranfporte plufieurs
Malades, aux crayons noir & blanc, le
premier à la plume.

251 La Magdeleine pénitente, & Cléopâtre
fe

se faifant piquer le fein par un Afpic, faits à la fanguine fur papier blanc.

GASPARO VANVITELLI.

252 Quatre Deffins, repréfentant différentes vues des ruines de Rome, dont une du Colifé; à la plume & au biftre.

ANTOINE RAPHAEL,
dit LE CHEVALIER MENGS.

253 La Sainte Famille accompagnée de Ste. Anne & du petit S. Jean, que l'on voit à genoux tenant une Croix, & de deux Anges qui occupent le fecond plan.

Ce Deffin, de la compofition la plus riche, dont les têtes font remplies d'expreffion, joint à une touche fpirituelle un bel effet; il eft fait à la plume, & lavé au biftre. Hauteur 6 pouces 4 lignes, largeur 5 pouces.

254 Cinquante-quatre Deffins, compofitions

F

& études de *Maturino*, *F. Baroche*, *le Josepin*, *A. Sacchi*, *Pletta*, *Ph. Lauri*, *C. Maratte*, *P. di Pietri Gasparo delli Occhiali*, & autres Maîtres de cette Ecole, qui seront divisés sous ce N°.

ÉCOLE DE PARME.

Antoine Allégri, *dit* le Correge.

255 La Sainte Famille accompagnée du petit S. Jean ; cette composition, pleine de grace, est savament exécutée au crayon noir, rehaussée de blanc, sur papier gris. Hauteur 8 pouces, largeur 6 pouces 3 lignes.

256 Plusieurs Saints portés sur des nuages, & formant concert, Dessin à la plume & au bistre ; & deux feuilles d'Etudes à la sanguine, dont une Sainte à genoux près d'une Croix.

Le génie des grands Hommes supplée souvent à l'expérience

qui leur manque ; *le Correge* eſt un de ces exemples (rare à la vé‑ rité). Sans guides & ſans ſecours étrangers , il ſut trouver dans ſon propre fond , les connoiſſances né‑ ceſſaires pour ſon Art. Les Graces dont il reçut ſes pinceaux , lui fi‑ rent porter ſes talents au plus haut degré de perfection ; l'on admire dans ſes Ouvrages les beaux carac‑ teres de ſes têtes , des contours gracieux , & un grand goût de Deſſin. La rareté de ſes produc‑ tions, doit les faire rechercher avec ardeur.

FRANÇOIS MAZZUOLI, *dit* LE PARMESAN.

257. La Sainte famille , accompagnée de Sainte Catherine , la Prédication ſur la montagne , & une étude d'Apôtre ; fai‑ tes à la plume & à l'indigo , les deux premiers lavés au biſtre.

F ij

258 Un vieillard affis auquel un Ange préfente une lyre, deffin fait avec efprit;
Andromede attachée au rocher, tous
deux à la plume, & une feuille de
plufieurs études de figures, au crayon
noir, réhauffé de blanc.

259 Jefus-Chrift & Saint André, portant
leur croix; Judith tenant la tête d'Ho-
lopherne; & une feuille de plufieurs
études de têtes, les trois premiers lavés
au biftre.

Les graces qui regnent dans les
Ouvrages de ce Maître, les feront
toujours rechercher; l'élégance
de fes figures, la maniere fvelte
& favante de deffiner, le caractere admirable de fes têtes, & la
légéreté de fes draperies, font
les qualités qui lui ont acquis le
titre d'un des plus grands Peintres.

BARTHELEMI SCHIDON.

260 Une étude d'Apollon faite pour un plafond, & une de femme enveloppé d'une draperie, toutes deux au crayon noir.

BENVENUTO DA GAROFALO.

261 La Vierge & son Fils, couronnés par deux Anges, son arrivée à la Cour céleste, dans le haut l'on voit le Pere Eternel; & une troisieme composition où elle est assise sur des nuages entourée d'Anges & de Chérubins, à la plume & au bistre.

262 Plusieurs dessins de différens Maîtres qui seront divisés sous ce N°.

ÉCOLE DE BOLOGNE.

NIKOLO DES ABBATTE.

263 La Vierge tenant son Fils sur ses genoux, dessin fait à la plume, lavé au bistre.

F iij

& la Prudence , étude faite pour un angle de plafond , à la pierre noire.

Camille Procaccini.

264 La Vierge & fon Fils , accompagnés de deux Saints , dont on leur préfente une couronne de fleurs , & Moyfe fauvé des eaux , à la plume & au biftre.

Louis Carrache.

265 Deux Saintes affifes à la porte d'un Temple , l'une d'elles lifant dans un livre ; elles font accompagnées de St. Laurent , que l'on voit à genoux fur le devant ; & une feuille d'études de huit figures , faites à la plume & lavées au biftre.

266 Une feuille de trois études de Vierge , faites au biftre , & une étude de trois figures deffinée à la plume & lavée de même.

267 La Sainte Famille accompagnée de Saint François , qui préfente un Chapelet au Sauveur , & deux feuilles d'études à la plume & au biftre.

Une parfaite imitation de la Nature, & l'étude des figures antiques, formerent *L. Carrache*, &
en firent un des plus grands hommes; la fécondité de fon génie,
les graces admirables de fes compofitions, la fimplicité & la correction qui regnent dans fes Ouvrages, les feront toujours rechercher.

AUGUSTIN CARRACHE.

268 La mort d'Abel, deffin à la plume,
lavé d'encre & de biftre, fur papier gris.
Hauteur 5 pouces, largeur 9 pouces.
10 lignes.

269 Vénus ordonnant à l'Amour d'enchaîner
un Satyre qui eft à genoux devant elle,
& Diane métamorphofant Actéon en
Cerf, tous deux faits à la plume, le
dernier légérement lavé au biftre.

270 La Vierge & fon Fils, accompagnés
d'un Saint Evêque, à la plume, lavé à

E iv

l'encre de la Chine, & trois feuilles
d'études à la fanguine.

A. Carrache, auffi grand Peintre
qu'habile Graveur, étoit favant
dans fes compofitions, fon génie
élevé lui fit exécuter des Ouvrages où l'on admire un caractere noble & une correction parfaite.

ANNIBAL CARRACHE.

271 Une premiere penfée de la Defcente de
Croix, dont le tableau eft dans le Ca-
bi.. ue Mgr le Duc d'Orléans , &
Pianc pourfuivant un Satyre; tous deux
faits au crayon noir. Nous y avons joint
l'eftampe du dernier.

272 Perfée coupant la tête de Médufe,
connu par le tableau qui eft au Palais
Farnefe, deffin à la fanguine, & une
étude de deux Religieux, au crayon
noir fur papier gris.

273 Adam cultivant la terre; on voit fur

le devant Eve accompagnée de ses enfans, & la mort d'Abel, tous deux faits
à la plume, lavés d'encre de la Chine,
sur papier blanc.

274 L'Assomption de la Vierge, dessin à la
plume & au bistre, & deux études,
dont une du Satyre Marsyas, à la sanguine, sur papier blanc.

275 Une étude d'Ange, & une de jeune
Satyre, l'une à la sanguine, & l'autre
à la pierre noire, tous deux sur papier
blanc.

276 Trois études de têtes d'hommes, soi-
gneusement faites à la plume & aux
trois crayons.

277 Quatre dessins, Paysages faits avec esprit, à la plume.

A. Carrache, dont le nom seul
donne l'idée d'un des plus grands
hommes que nous ayons eu dans
la Peinture, fut éleve de son cousin
L. Carrache, en peu de tems le

Difciple égala le Maître, & finit
par le furpaffer ; la richeffe de fes
compofitions, la beauté des caracteres de fes têtes, la grande
correction, la fermeté de la touche & la facilité qui regne dans
fes Ouvrages font inimitables.

MICHEL ANGE AMERIGI DE CARAVAGE.

278 Une feuille contenant plufieurs groupes
de figures deffinées avec efprit, à la
plume, & un Payfage où l'on voit
plufieurs Pâtres conduifant leurs troupeaux, à la fanguine.

279 Deux belles études, dont une de Pro-
méthée dévoré par l'Aigle, aux crayons
noir & blanc, fur papier gris.

GUIDO RENI, *dit* LE GUIDE.

280 L'Adoration des Bergers, compofition
de dix figures, favamment exécutée à
la plume & au biftre, fur papier gris.

Hauteur 11 pouces 9 lignes., largeur 5 pouces 9 lignes.

281 Le Soleil conduifant fon char, précédé de plufieurs Amours, il eft accompagné des Heures, qui fe tiennent par la main, & forment une Danfe autour de lui. Cette riche compofition eft connue par le plafond qu'en a fait le Guide au Palais Rofpigliofi, autrefois du Duc Mazarin, fur le Mont Quirinal à Rome, & tient un des premiers rangs parmi les beaux Ouvrages de cette Capitale; l'on en connoît les copies qu'en ont faites les plus habiles Maîtres, & les eftampes qui ont été gravées; ce deffin eft fait à la plume, lavé à l'encre de la Chine, hauteur 6 pouces 4 lignes, largeur 9 pouces.

282 L'enlevement de Déjanire, compofition largement exécutée à la fanguine, connue par le tableau qui eft dans le cabinet du Roi, & par les différentes eftampes qui en ont été gravées. Hauteur 9 pouces 6 lignes, largeur 6 pouces 10 lignes.

283 Une Gloire d'Anges & de Chérubins, portés fur des nuages, l'un deux tenant à la main une branche de lys ; ce gracieux deffin, fait à la plume, lavé d'encre de la Chine, porte 4 pouces 3 lignes de haut, fur 5 pouces 6 lignes de large.

284 Trois Anges affis & formant concert, l'un d'eux tient un livre ; ce deffin eft fait au crayon noir, fur papier gris. Hauteur 5 pouces 4 lignes, largeur 7 pouces 8 lignes.

285 Une Sainte famille, à la plume, & une defcente de Croix, compofition de fix figures, à la fanguine, fur papier blanc.

286 Notre Seigneur à la Creche, deffin à la plume & au biftre ; le même, parmi les Docteurs, à la pierre noire, fur papier blanc.

287 Deux études, dont une de Saint François, aux crayons noir & blanc, fur papier gris.

288 Trois études d'Evangeliftes , faites de même , fur papier gris.

289 Une étude de femme , à la plume , lavée d'encre , d'après *le Parmefan* , & trois autres , dont une d'enfant, largement deffignée à la fanguine.

290 Une étude de Saint Pie Pape , fous le nom de Pie V , de la maifon de Barbarini , dont le tableau eft à Rome dans le Palais du même nom , & exécuté en mofaïque dans l'Eglife de Saint Jean de Latran ; & trois autres feuilles d'études au crayon noir & à la plume.

291 Saint François en priere , connu par le tableau qui eft dans la collection du Palais Borghefe à Rome , & trois études de figures , faits tous quatre à la plume & au biftre.

292 Quatre compofitions & études de têtes, deffinées , avec efprit , à la fanguine & au crayon noir.

Le Guide dès fa plus tendre en- enfance , s'occupoit à tracer des

figures, où l'on remarquoit déjà
le goût & le génie qui en a depuis
fait un des plus grands hommes;
la richeffe qui regne dans fes compofitions, les graces admirables
de ces airs de tête, la correction
de fes contours, la légéreté &
la franchife de fa touche, jointes
à la beauté de fes draperies, feront aifément reconnoître fes ex-
cellentes productions.

BARTHELMI CESI.

293 La Fuite en Egypte, & le deffin d'un
Tombeau, orné de trois figures, la Juftice, la Prudence & la Victoire, tous
deux purement deffinés à la plume lavés
au biftre fur papier blanc.

FRANÇOIS ALBANI.

294 Vénus affife fur fon char, les Graces fe
voyent près d'elle & plufieurs Amours

l'accompagnent ; ce gracieux deffin fait
la plume , lavé d'encre & rehauffé de
blanc , fur papier gris , porte 7 pouces
6 lignes de large , fur 13 pouces 4
lignes de haut.

295 Une étude de Vierge , au crayon noir
& à la fanguine , & deux autres feuilles
faites avec efprit à la plume & au biftre
fur papier blanc.

Les penfées ingénieufes de l'*Al-
bane* , lui ont fait produire des
Ouvrages où les graces ne ceffent
de fe décéler , il eft rare de trouver de fes deffins ; l'efprit & la
facilité que cet Artifte acquit dans
l'Ecole des *Carraches* , s'y recon-
noît aifément.

JACQUES CAVEDONE.

296 La Chananéenne & fa fille aux pieds
de notre Seigneur , & deux autres compofitions , dont la priere au Jardin des

Olives, les deux premieres, à la plume
& lavées au biſtre.

DOMINIQUE ZAMPIERI, *dit* LE DOMINIQUAIN.

297 Saint Martin qui fait l'aumône aux
pauvres, belle compoſition de ſept figures ſoigneuſement, deſſinée à la ſanguine ſur papier gris. Hauteur 14 pouces 6 lignes, largeur 9 pouces 6
lignes.

298 Ste. Cecile accompagnée de pluſieurs
Anges, Deſſin à la pierre noire; & une
compoſition de cinq Figures, repréſentant une Femme chantant, accompagnée
de quatre Hommes jouant de divers
Inſtrumens, à la plume & au biſtre,
rehauſſé de blanc.

299 Le Martyre de Ste. Agnès, compoſition
à la plume, lavée à l'encre de la Chine;
& deux feuilles d'Etudes, dont une au
crayon noir ſur papier blanc.

300 Une Etude de Jeune Homme, & deux
de

de Têtes, l'une de Ste. Cécile, à la
fanguine, & l'autre d'Enfant, aux
crayons noir & blanc, fur papier bleu.

301 Quatre Deffins, compofitions & Etudes, à la plume, au crayon noir, & à
la fanguine.

La lenteur du *Dominiquain*, le
fit long-tems regarder par fes Ca-
marades comme peu capable de
produire de grands Ouvrages; ce-
pendant fon travail affidu déve-
loppa des talents qui lui acquirent
la plus haute réputation. La correction & la grande maniere de
fes Deffins, la nobleffe de fes Figures, & les gracieux caracteres
de fes Têtes, fe font admirer dans
fes favantes productions.

LE CHEVALIER JEAN LANFRANC.

302 S. Pierre fur les Eaux venant au-devant
de N. S.; compofition de fept Figures,

G

premiere penfée du Tableau qui eſt à
S. Pierre de Rome , fait en moſaïque ,
d'une exécution ſavante , à la plume &
au biſtre , ſur papier blanc. Hauteur 9
pouces 10 lignes , largeur 9 pouces.

303 Une belle Etude de Vierge , vue à
mi-corps , & une autre de Tête de Vieillard ; toutes deux aux crayons noir &
blanc , ſur papier gris.

304 Trois Deſſins , compoſitions & Etudes ,
dont Notre Seigneur qui appelle S.
Pierre , à la plume & au biſtre.

L'Etude des grands Maîtres , &
les progrès rapides de *Lanfranc* ,
lui acquirent bientôt un nom
fameux ; l'élégance de ſes compoſitions , la belle diſtribution de ſes
groupes , qui produiſent les effets
les plus brillants , la maniere hardie & ſpirituelle avec laquelle ſes
Deſſins ſont exécutés , ſes Têtes
& ſes Draperies largement faites ,

tout enfin annonce le plus grand ftile.

Sisto Baldalocchio.

305 Une feuille d'Etude d'Enfant graffement deffinée à la pierre noire, fur papier blanc. Hauteur 5 pouces 6 lignes, largeur 7 pouces 8 lignes.

Antoine Carrache.

306 Un *Ex Voto ;* on voit dans le haut la Vierge affife fur un nuage, tenant fon Fils fur fes genoux, & dans le bas plufieurs Saints & Saintes à genoux, à la plume & au biftre. Hauteur 9 pouces 6 lignes, largeur 7 pouces 6 lignes.

Leonello Spada.

307 Une feuille d'Etude de Frife, favament exécutée, à la plume & au biftre, fur papier blanc. Hauteur 5 pouces 9 lignes, largeur 14 pouces 6 lignes.

JEAN-FRANÇOIS BARBIERI DA CENTO, *dit* LE GUERCHIN.

308 La Fuite en Egypte, compofition de cinq Figures dans un riche fonds de Payfage, favament deffiné à l'encre & au biftre, fur papier blanc. Hauteur 7 pouces, largeur 9 pouces.

309 S. Mathieu l'Evangélifte accompagn d'un Ange, un homme prêt à être dé-colé devant un Empereur, & une Etude de Vieillard vu à mi-corps; tous troi à la plume fur papier blanc.

310 Les Saintes Femmes au Tombeau, & deux autres feuilles de diverfes Etudes, faites de même.

311 Deux différentes penfées de Loth & fes Filles, l'une à la plume & l'autre à la pierre noire; & une Etude de Femme, à la plume & au biftre.

312 Un *Ex Voto*, on voit dans le haut la Vierge & fon Fils entourés d'Anges & de Chérubins, & dans le bas S. Phi-

lippe de Neri à genoux ; S. Jérôme
dans le Défert, & deux autres feuilles
d'Etudes, tous quatre à la fanguine, fur
papier gris & blanc.

313 Quatre feuilles d'Etudes faites de même,
dont une de Mercure, & une autre de
plufieurs Femmes pour le Triomphe de
David.

314 S. Nicolas baptifant plufieurs Enfans ;
on voit dans le haut la Vierge & fon
Fils affis fur un nuage, Deffin à la
plume; & trois autres Etudes, à la fanguine & à la pierre noire, dont une de
S. François en priere.

315 Quatre Etudes diverfes, à la fanguine
& à la pierre noire, fur papier blanc.

316 Un Payfage d'un fite pittorefque, favament fait à la plume, & lavé au biftre.
Hauteur 7 pouces 6 lignes, largeur 9
pouces 10 lignes.

317 Un Porte-feuille contenant cent Deffins,
Compofitions, Croquis, diverfes Etudes de Figures & de Têtes, faites à la

plume, à la fanguine & à la pierre noire, fur différens papiers, qui feront détaillés en plufieurs lots.

Le feu & l'efprit que l'on trouve dans les Deffins du *Guerchin*, les feront toujours rechercher des Curieux, les graces de fes compofitions, & la fineffe avec laquelle elles font exécutées, ne laiffe rien à defirer.

BENOIST GENNARI.

318 La Préfentation au Temple, riche compofition à la fanguine, fur papier blanc; & trois feuilles d'Etudes, dont deux à la plume.

319 Mercure tenant un Arc à la main, on voit à côté de lui une Jeune Fille; & deux autres compofitions, toutes trois à la fanguine fur papier blanc.

320 Six deffins, compofitions, études de Figures & de Tête, à la plume, à la

fanguine, & à la pierre noire fur papier blanc.

Les Deffins de *Gennari* tiennent beaucoup, pour le caractère, à ceux du *Guerchin*; l'on y trouve de la grace & de la fineffe dans fes airs de Tête.

JEAN-FRANÇOIS GRIMALDI BOLOGNESE.

321 Deux Payfages, d'une riche compofi·tion, ornés de fabriques & maffes d'Arbres, & enrichis de Figures, deffinés à la plume; & lavés au biftre fur papier blanc. Hauteur 7 pouces 6 lignes, largeur 10 pouces 9 lignes.

322 Trois Payfages de fite pittorefque, en-richis de Figures & Animaux; on voit fur le devant d'un d'eux deux Hommes dans une Barque, dont un paroiffant jouer de la guittare; librement faits à la plume.

323 Trois autres repréfentans différentes

vues des environs de Rome, ornés de Figures & faits de même.

324 Quatre Payfages, fur le devant de l'un d'eux l'on voit un Ange faifant abreuver un Ane, faits de même.

325 Quatre autres, ornés de Figures & Animaux, faits de même.

326 Six autres compofitions & études de Payfages, faite de même.

SIMON CANTARINI DA PESARO.

327 Le Repos en Egypte, deffin plein de grace, exécuté avec efprit, à la plume fur papier blanc. Hauteur 9 pouces 6 lignes, largeur 9 pouces 3 lignes.

328 La Vierge affife tenant fon Fils fur fes genoux, accompagnée de Ste. Anne & du petit S. Jean; & deux autres Etudes, toutes trois faites de même.

329 Deux compofitions différentes du Repos en Egypte, l'une à la fanguine & l'autre aux crayons noir & blanc; une Etude

de S. Jérôme, faite de même fur papier gris.

330 Mercure & Argus, deffin fait à la plume; & deux Etudes, lavées à l'encre de la Chine.

L'étude de la Nature & les leçons que le *Pefareze* reçut du *Guide*, lui donnerent la fineffe & l'efprit que l'on fe plaît à admirer dans fes Ouvrages.

INNOCENT DA IMOLA.

331 Jefus-Chrift montant au Ciel en préfence de fes Apôtres, deffin favament compofé à la plume, lavé au biftre. Hauteur 9 pouces 2 lignes, largeur 6 pouces 3 lignes.

JEAN-ANDRÉ SIRANI.

332 Le Miracle arrivé pendant la Meffe à Bolfene, deffin d'une riche compofition, à la plume, lavé au biftre, &

rehauffé de blanc. Hauteur 9 pouces 4 lignes, largeur 7 pouces.

Elisabeth Sirani.

333 Ifaac donnant fa bénédiction à fon fils Jacob, agréable deffin à la plume & au biftre, rehauffé de blanc, & trois compofitions diverfes à la fanguine.

Pierre-François Mola.

334 L'Adoration des Bergers, compofition de douze Figures, à la plume, lavée à l'encre de la Chine, fur papier blanc. Hauteur 13 pouces 3 lignes, largeur 10 pouces.

335 Saint Jerôme en priere, & une feuille d'étude de Vierges, à la plume & au biftre.

336 L'Amour luttant contre un Satyre, deffin à la plume, & deux copies faites d'après Raphaël & Polidor.

337 La Magdeleine dans le Défert, & trois

autres compofitions, toutes quatre faites
à la plume & au biftre, fur papier
blanc.

338 Quatre compofitions diverfes à la plume
& au biftre, dont Saint Luc peignant
la Vierge.

Beaucoup de génie, une invention brillante, jointe à une grande
facilité, fe font remarquer dans
les Ouvrages du *Mole* : fa maniere
de deffiner eft gracieufe, & fa
touche fine & fpirituelle.

DOMINIQUE TIBALDI.

339 N. S. fur le Mont Sinaï, accompagné
de fes Difciples ; deffin fait avec efprit,
à la plume, lavé au biftre fur papier
blanc. Hauteur 5 pouces , largeur 4
pouces.

340 Cinquante-fix Deffins, compofitions &
études par les *Carrache*, *le Dominiquain*,
le Guerchin, *le Mole*, *L. de Credi*, *C.*

*Loranese , Marescoti , Pasinelli , B.
Bresciano , B. Gratti , Pasqualino ,
Passeroti* & autres , qui seront divisés
sous ce N°.

ÉCOLE VENITIENNE.

TITIEN VECELLI DE CADOR.

341 La Sainte Famille , accompagnée d'un
Religieux, dessin du Tableau que ce
Maître a exécuté pour l'Eglise de *Gli-
frari* à Venise. Cette composition ,
dessinée à la sanguine, porte 10 pouces
de haut sur 7 pouces 8 lignes de large.

342 La Sainte Famille & le petit Saint Jean ,
dessin largement fait au bistre rehaussé
de blanc , & six autres croquis faits avec
esprit à la plume.

GIORGIO BARBARELLI, *dit* LE GIORGION.

343 Deux Etudes d'hommes vus par le dos ,
l'un en partie couvert d'une draperie ,
dessinées à la plume , lavées au bistre &
rehauffées de blanc.

FRA SEBASTIEN DEL PIOMBO.

344 Vénus & l'Amour, deffins faits avec foin au crayon noir, fur papier blanc. Hauteur 10 pouces 6 lignes, largeur 15 pouces, & une feuille de plufieurs têtes d'études de chevaux faite de même.

JACQUES DA PONTE, *dit* LE BASSAN.

345 Uliffe, de retour dans fa maifon, & à qui une Servante lave les pieds ; ce deffin, compofé de quatre figures, eft favament fait au biftre rehauffé de blanc. Hauteur 13 pouces, largeur 9 pouces 10 lignes.

346 Un Pâtre gardant des Troupeaux, près de lui un homme & une femme paroiffent faire la cuifine.

347 Une compofition de douze Figures & animaux faite avec foin, au biftre fur papier blanc, & deux études de Figures, à la pierre noire & à la fanguine.

Jacques Robusti, *dit* le Tintoret.

348 Deux Deſſins, dont le Maſſacre des In-
nocens, ſavante compoſition à la plume
& au biſtre.

Jerôme Mutian.

349 La Prédication de Notre-Seigneur ſur
la Montagne ; on voit ſur le devant Saint
Paul & un Souverain Pontife, & un
payſage d'un ſite pittoreſque, tous deux
à la plume lavés au biſtre & rehauſſés
de blanc.

Paul Caliari, *dit* Veroneze.

350 L'Adoration des Rois, riche compoſition de plus de douze Figures, à la
plume, lavée d'encre de la Chine, ſur
papier blanc, connu par l'Eſtampe
qu'en a gravée ce Maître. Hauteur 12
pouces 9 lignes, largeur 9 pouces 3
lignes.

JACQUES PALME LE VIEUX.

351 Jefus-Chrift foutenu par un groupe
d'Anges, la Vierge & Saint Pierre font
à genoux devant lui, & paroiffent in-
tercéder pour les ames du Purgatoire,
que l'on voit dans le bas. Cette riche
compofition eft librement faite à la
plume, lavée au biftre & rehauffé de
blanc. Hauteur 15 pouces 6 lignes.

JACQUES PALME LE JEUNE.

352 La Magdeleine aux pieds de Notre
Seigneur & le Chrift mort, entouré des
Saintes Femmes, à la plume lavés au
biftre, le premier rehauffé de blanc.

353 Quatre compofitions, dont la Fuite en
Egypte, & Notre Seigneur qui remet à
Saint Pierre les clefs du Paradis, au
crayon noir & blanc.

JEAN DIAMANTINI.

354 Jupiter & Léda, & un fujet allégorique,
compofition de huit Figures, toutes

deux à la plume, lavées à l'encre de
la Chine.

SÉBASTIEN RICCI.

355 Quatre compositions diverses, dont un
dessin de plafond, où l'on voit un Saint
Martyr que plusieurs Anges enlevent
au Ciel, librement faits à la sanguine
sur papier blanc.

JEAN-BAPTISTE TIÉPOLO.

356 La Communion de Saint Jerôme,
grande composition librement exécutée
à la plume, lavé au bistre & rehaussé
de blanc.

357 L'Adoration des Rois, dessin à la sanguine, le Couronnement de la Vierge,
& deux études de Viellards, à la plume,
lavés au bistre.

FRANÇOIS BARTOLOZZI.

358 Une feuille contenant huit études de
Têtes d'hommes & de femmes, du
caractere

caractere le plus gracieux, deffinées avec efprit, à la plume fur papier blanc.

359 Douze Deffins, compofitions & études de *J. B. Piazzetta*, *Zucchi*, *Peofelli*, à *Veroneze*, *Jules Carpioni* & autres qui feront divifées fous ce N°.

_____

ÉCOLE NAPOLITAINE.

SALVATOR ROSE.

360 Une étude de Saint Jean dans le Défert & un fujet allégorique connu par l'Eftampe qu'en a gravé ce Maître, tous deux à la plume, le premier lavé au biftre.

361 Diogene & Alexandre, & quatre def- fins, compofitions & croquis, faits avec efprit à la plume.

362 Un Payfage, enrichi de figures, à la plume & au biftre; & deux autres faits librement à la pierre noire & à la fan- guine.

H

LUCAS GIORDANO.

363 La Vierge & fon Fils portés fur un nuage, entourés d'Anges & de Chérubins ; un Saint Prélat & un Religieux font à genoux à fes pieds , plufieurs autres Groupes de figures ornent le devant de cette riche compofition , qui eft exécutée à la plume , lavée d'indigo. Hauteur 13 pouces 6 lignes, largeur 9 pouces.

364 Le Chrift au tombeau, riche & favante compofition, deffinée à la fanguine , rehauffée de blanc. Hauteur 7 pouces 8 lignes, largeur 14 pouces 3 lignes.

365 Moyfe fauvé des Eaux, agréable compofition , de forme ovale , à la plume lavé au biftre fur papier blanc. Hauteur 12 pouces, largeur 10 pouces.

366 Moyfe faifant tuer les Juifs qui habitoient avec les Filles des Madianites ; & un fujet de Sacrifice, tous deux deffinés à la fanguine.

367 Junon accompagnée de l'Amour, affife fur un nuage, & deux autres compofitions, dont Saint Hyppolite à qui deux Anges apportent une couronne, à la plume lavé d'indigo.

368 Quatre compofitions diverfes, deux fujets de Vierges, & la Chûte des Anges, aux crayons noir & rouge.

369 Moyfe faifant tuer les Juifs qui habitoient avec les Filles des Madianites; deffin à la plume, & deux autres compofitions, dont S. Jérôme dans le défert.

370 Quatre Deffins, dont deux penfées différentes de l'Adoration des Bergers, & S. Michel qui terraffe le Diable, à la plume & au biftre.

371 Quatre compofitions différentes, dont le Baptême de N. S, par Saint Jean, à la plume & au biftre.

372 Cinq autres, dont le Chrift mort, accompagné de la Vierge des Sept Douleurs, & de plufieurs Saints Religieux; faits de même.

H ij

373 Six Deſſins, dont la Converſion de S.
Paul; à la plume lavés d'indigo.

374 Sept autres, dont Samſon qui tue les
Philiſtins, & Jupiter qui foudroie les
Géans, à la plume & au biſtre.

Le génie fécond & la richeſſe de
la compoſition qui regnent dans les
Ouvrages de cet Artiſte, la facilité
de la touche & la liberté de leur
exécution les feront toujours rechercher.

JÉAN-BAPTISTE LAMA.

375 Trois penſées différentes de la mort
d'Abel, à la plume & à la pierre noire.

JOSEPH SIMONELLI.

376 Deux Deſſins, dont Moyſe offrant un
ſacrifice à Dieu, compoſition ſavament
exécutée à la plume, lavée au biſtre.

MATHIAS PRETI , *dit* LE CHEVALIER CALABROIS.

377 Le Martyre de Saint Barthelemi , dont le Tableau se voit dans un Cabinet à Naples , & est connu ici par les copies qui en ont été faites par plusieurs de nos Maîtres ; le dessin en est exécuté à la sanguine, sur papier blanc. Hauteur 4 pouces 6 lignes , largeur 4 pouces 8 lignes.

FRANÇOIS SOLIMENE.

378 Jonathas arrivant avec son Ecuyer dans le Camp des Philistins ; ce dessin, riche de composition, est exécuté à la pierre noire sur papier blanc. Hauteur 13 pouces 3 lignes , largeur 11 pouces 6 lignes.

379 Trois compositions diverses , dont la Priere au Jardin des Olives , faites de même.

380 Quatre compositions différentes de l'hi-

H iij

toire de Saint Louis, à la plume, lavées d'encre & à la pierre noire.

381 Quatre Deſſins repréſentant différens ſujets allégoriques, faits avec eſprit, à la plume & au biſtre.

382 Deux compoſitions diverſes à la plume; la Vierge & l'Enfant Jeſus, deſſin à la ſanguine.

NICOLAS-MARIA ROSSI.

383 Deux deſſins à la plume & au biſtre, dont Apollon & les Muſes.

FRANÇOIS DE MARIA.

384 Deux compoſitions, dont Saint François en priere, à la plume & au biſtre ſur papier blanc.

385 Soixante-quatre deſſins, compoſitions & études, par *L. Giordano*, *J. Simonelli*, *Solimene*, *à Vaccaro*, *Onofrio*, *F. Curia*, *N. Ruſſo*, *Corrado*, & autres Maîtres de cette Ecole, qui ſeront diviſés ſous ce N°.

ÉCOLE GÉNOISE.

LUCAS CAMBIASI, *dit* LE CANGIAGE.

386 Six compositions à la plume & au biftre, dont le repos en Egypte, & Mars & Vénus.

387 Six autres feuilles de même, dont Notre Seigneur devant Pilate, & plufieurs études de figures.

JEAN - BAPTISTE PAGE.

388 Les Nôces de Cana, agréable compofition deffinée avec fineffe à la plume, lavée de biftre. Hauteur 5 pouces 6 lignes, largeur 10 pouces 6 lignes.

BERNARD STROZZI, *dit* PRETE GENOVESE.

389 Le Pere Eternel, entouré d'Anges & de Chérubins, la Magdeleine aux pieds de Notre Seigneur, tous deux à la plume, le dernier lavé au biftre.

SINIBALDO SCORZZA.

390 Deux diverſes compoſitions de l'Adoration des Bergers , exécutées avec eſprit, à la plume & au biſtre, ſur papier blanc.

JEAN-BENOÎT CASTIGLIONE , *dit* LE BENEDETTE.

391 L'Adoration des Anges, aux crayons noir & blanc , & celle des Bergers, à la plume & au biſtre.

392 L'Enfant Jeſus à la Crêche , & un Payſage enrichi de figures & animaux, à la plume , le premier lavé au biſtre.

BARTHELMI BISCAINO.

393 La Préſentation au Temple , compoſition pleine de feu , & S. François à genoux en acte d'adoration ; tous deux faits avec eſprit , à la ſanguine.

394 Treize Deſſins , compoſitions diverſes

par *J.Feirrari*, *D. Creti*, *S. Scorzza*,
& autres qui feront divifés fous ce N°.

ÉCOLE ALLEMANDE.

HENRY ALDEGRAEF ou ALDEGREVER.

395 Le départ de Loth & de fa Famille,
accompagnés des Anges fortant de So-
dôme, compofition faite avec foin à la
pierre noire. Hauteur 7 pouces, largeur
4 pouces 6 lignes.

CHRISTOPHE SCHWARTZ.

396 L'intérieur d'un Camp, fur le devant
duquel on voit un Soldat qui préfente
deux Femmes à un Officier; deffin à
la plume, lavé d'encre de la Chine, &
rehauffé de blanc. Hauteur 8 pouces 9
lignes, largeur 12 pouces.

ÉCOLE HOLLANDOISE.

LUCAS DE LEYDE.

397 Les Ifraélites ramaffant la Manne dans le Défert, riche compofition, à la plume, lavée à l'encre de la Chine. Hauteur 12 pouces, largeur 10 pouces.

OCTAVIO VAN-VEEN ou OTTOVENIUS.

398 Deux feuilles d'Etudes du Chrift au tombeau, faites au biftre, fur papier blanc.

BRAHAM BLOEMAERT.

399 Deux Deffins, la Vierge & fon Fils affis fur un nuage, entourés de la Cour Célefte; riche compofition, à la plume & au biftre. Hauteur 12 pouces, largeur 8 pouces 4 lignes.

ÉCOLE FLAMANDE.

PIERRE-PAUL RUBENS.

400 La Chasse au Sanglier, composition de plus de douze Figures & Animaux, connue par l'Estampe qui en a été gravée; ce dessin est savament fait à la plume aux crayons rouge & noir. Hauteur 11 pouces, largeur 13 pouces 6 lignes.

401 Sylene enivré par des Satyres, au crayon noir; & le Triomphe de Bacchus, composition largement exécutée au bistre.

ANTOINE VAN DYCK.

402 Deux compositions, dont le Christ mort appuyé sur les genoux de la Vièrge, entourés des Saintes Femmes & de plufeurs Anges; exécutées au bistre, rehauffées de blanc.

JEAN MIEL.

403 Deux Deſſins , dont l'intérieur d'une Tabagie , ſpirituellement faits à la plume & au biſtre.

DAVID TENIERS.

404 Le Chriſt au Tombeau , paſtiche faite dans le ſtile du *Baſſan* , & une Etude de Figure, tous deux deſſinés avec ſoin à la mine de plomb ; & l'intérieur d'une Tabagie , à la ſanguine.

405 Quinze Deſſins de différens Maîtres des Ecoles des Pays-Bas , qui feront diviſés ſous ce N°.

ÉCOLE FRANÇOISE.

NICOLAS POUSSIN.

406 La Vierge tenant ſon Fils ſur ſes ge-noux , & aſſiſe ſur un nuage , entourés

d'Anges qui préfentent à l'Enfant Jefus la boule du Monde ; deffin plein de graces , & favament fait à la plume , lavé d'encre de la Chine. Hauteur 9 pouces 8 lignes , largeur 8 pouces 6 lignes.

407 Trois Deffins , dont le Repos en Egypte , fait avec efprit , à la plume.

408 Trois compofitions différentes , dont l'Adoration des Bergers , & deux faints Hermites dans le Défert , d'après le *Mutien* ; à la plume & au biftre , le premier rehauffé de blanc.

409 Trois Deffins , Etudes de Fabriques des environs de Rome , fait avec art à la plume , fur papier blanc.

410 Quatre autres Etudes de Fabriques & de Payfages , largement faites au biftre.

411 Cinq Payfages , ornés de Fabriques , de groupes d'Arbres , & enrichis de Figures , à la plume & au biftre.

L'on trouve une marche favante dans les compofition du *Pouffin* ,

ſes productions le feront toujours
admirer par la correction du deſſin, la beauté des caracteres de
ſes Têtes, l'expreſſion de ſes penſées, & les beaux effets qui y
regnent.

CLAUDE GELÉE, *dit* LE LORRAIN.

412 Un Payſage, d'une ſavante compoſition,
orné de pluſieurs Figures, & une feuille
d'Etude de Carriere, fait avec art, à la
plume, lavé à l'encre & au biſtre.

413 Notre Seigneur dans le Déſert, de belles Roches & des maſſes d'Arbres ornent cette compoſition; deux feuilles
d'Etudes d'Arbres & de Fabriques, à
la plume, lavés à l'encre & au biſtre,
le premier rehauſſé de blanc.

414 Trois feuilles d'Etudes de Payſages, à
la plume, lavées d'encre & de biſtre;
cinq autres faites de même avec eſprit.

SEBASTIEN BOURDON.

415 Deux Payfages, ornés de Fabriques & maffes d'Arbres, & enrichis d'un grand nombre de Figures & Animaux, favament deffinés à la plume, connus par les Eftampes qu'il en a gravées.

EUSTACHE LE SUEUR.

416 Deux Etudes, l'une d'Ange & l'autre de Portrait, faites aux crayons noir & blanc, fur papier gris.

JEAN LE PAUTRE.

417 Une Frife, deffinée avec efprit, à la plume, ornée d'un grand nombre de Figures, & dont le milieu eft occupé par un Trophée Militaire entouré d'Efclaves. Hauteur 2 pouces 10 lignes, longueur 14 pouces 10 lignes.

CHARLES LE BRUN.

418 Quatre Etudes de Figures, dont deux

du Plafond du Val-de-Grace, à la fanguine & au crayon blanc.

GUILLAUME COURTOIS,
dit LE BOURGUIGNON.

419 Un choc de Huffards, & une halte de
Cavalerie, faits avec feu, à la pierre
noire, lavés au biftre, & deux feuilles
d'Etudes, au crayon noir.

PIERRE PUGET.

320 Une Vue Maritime, ornée de plufieurs
Bâtimens, faite avec efprit, à la plume,
lavée d'encre de la Chine. Hauteur 6
pouces 4 lignes, largeur 10 pouces 3
lignes.

BÉRNARD PICART.

421 La Bataille de Conftantin, favament
exécuté à la plume & au biftre, d'après
la compofition de *C. le Brun*. Hauteur
8 pouces, largeur 19 pouces 6 lignes.

JOSEPH

JOSEPH & CHARLES PARROCEL.

422 Quatre compofitions diverfes, fujets de
Batailles, faites avec efprit, à la plume,
au crayon noir, & à la fanguine.

RAIMOND DE LA FAGE.

423 Deux feuilles d'Etudes, favament exécutées, à la plume, lavées d'encre de la
Chine, dont une des Forges de Vul-
cain.

GABRIEL PERELLE.

424 Un Payfage fait avec fineffe, à la pierre
noire, lavé au biftre, & orné de beaucoup de Figures. Hauteur 5 pouces 2
lignes, largeur 10 pouces.

PIERRE SUBLEYRAS.

425 Deux Etudes de Figures drapées, favament deffinées, au crayon noir &
blanc.

I

ADRIEN MANGLARE.

426 Quatre Payfages, ornés de Figures &
Animaux, à la plume, & lavés d'encre
de la Chine.

CHARLES NATOIRE.

427 Un Deffin, foigneufement fait à la fanguine, d'après le Parmefan, repréfentant la Vierge & fon Fils, accompagnés
du petit S. Jean, & de plufieurs Saints
& Saintes. Hauteur 9 pouces, largeur
7 pouces 3 lignes.

VERDUSSEN.

428 Un Manege, où l'on voit plufieurs
Ecuyers effeyant leurs Chevaux, &
pour pendant un intérieur d'Ecurie,
faits à la plume, lavés de biftre. Hauteur 8 pouces, largeur 9 pouces 6
lignes.

FRANÇOIS ANGOT.

429 La Sainte Famille entourée d'Anges & de Chérubins, & l'Enfant Jefus à la Creche, à qui S. Jean préfente des Colombes ; ces deux gracieufes compofitions font moëlleufement deffinées à la fanguine.

430 Quatre compofitions, dont le Repos en Egypte, & la mort d'Adonis, à la pierre noire.

M. DE BOISSIEUX.

431 Deux Payfages, ornés de Fabriques & maffes d'Arbres, faits avec la plus grande fineffe, à l'encre de la Chine, fur papier blanc.

432 Douze Deffins de différens Maîtres de l'Ecole Françoife, qui feront divifés fous ce N°.

433 Quarante-quatre Payfages de différens Maîtres des trois Ecoles, qui feront divifés fous ce N°.

DESSINS DE DIFFÉRENS MAITRES
DE L'ÉCOLE D'ITALIE.

434 Neuf Deſſins, compoſitions par *le Roſſo*, *Zuccaro*, *C. Maratte*, *le Joſepin*, & autres.

435 Un deſſin de Plafond, la Renommée ſe voit dans le milieu, & différens ſujets de la Fable daus le compartiment du tour ; cette compoſition eſt faite à la plume, aquarellée pat *Romanelly*, & une copie d'après *Polidor*.

DESSINS DE DIFFÉRENS MAITRES
DE L'ÉCOLE DES PAYS-BAS.

436 Vingt-un Deſſins de différens Quadrupedes, ſoigneuſement faits à la plume, lavés au biſtre ſur papier blanc, par *A. Flamen*.

437 Six compoſitions diverſes, par *Mart.*

de *Vos*, *Spranger*, *A. B. Flamen*, & autres, dont Apollon & la Sybille.

438 David devant Saul, par *G. Huet*, deux compofitions d'*Ant. van Dyck*, & deux Payfages de *Joffe Monpre*.

439 Trente Deffins, Croquis & Etudes par *vander Meulen*, & autres.

DESSINS DE DIFFÉRENS MAITRES
DE L'ÉCOLE FRANÇOISE.

440 Six deffins & feuilles d'Etudes de Figures, faits avec efprit à la fanguine, par *A. Watteau*.

441 Trois Payfages, enrichis de Figures & Animaux, faits alaquarelle, par *Lalleman*; & deux contrepreuves à la fanguine, de *M. Défriches*.

442 Deux chocs de Cavalerie, par *le Bourguignon*, à la plume & au biftre; deux autres Deffins, à la fanguine, par *Brebiette* & *Belange*.

443 Notre Seigneur qui guérit les Possédés, dessin à la plume, lavé d'encre de la Chine, de *N. Chaperon ;* & deux autres compositions, par *Michel Corneille* & *M. le Barbier.*

444 Trois Dessins, compositions, colorés avec esprit, dont un Concert & un sujet Pastoral, par *Gravelot.*

445 Six Dessins, compositions, études de Paysages & autres, dont plusieurs par *Belange* & *Briard.*

446 Quatre Dessins par *le Brun, Cazes, Boulogne* & *Verdier,* dont la Présentation au Temple, & l'enlevement de Proserpine.

447 Cinq Payafages d'un site pittoresque, dans le stile *de Boucher.*

448 Dix-sept contrepreuves à la sanguine, Académies & Etudes de Figures, par *D. le Romain* & autres.

449 Trente Dessins & Etudes, par *le Brun, Bouchardon, Michel Corneille, Fautier, Verdier* & autres.

450 Vingt-fix Académies, Etudes de Figures & de Draperies, par *Bertin*, *Nat-*
tier & autres.

451 Vingt Deffins, Etudes de Figures &
de Draperies, par *S. Vouet*, *Nattier*
& autres aux crayons noir & blanc.

452 Quarante Deffins, Etudes & Académies,
de *Nattier*, *Bertin* & autres.

453 Sept compfitions, études de Figures &
Marines, par différens Maîtres.

454 Un Porte-feuille, contenant trois cents
foixante Deffins, compofitions & études
de Figures, coupes, plans & éléva-
tions de différentes Maifons & Châteaux
arabefques & autres, qui feront divifés fous ce N°.

455 Quatre compofitions, favament exécutées à la fanguine, par *Dumont le Ro-*
main; le Repas chez le Pharifien, le
Miracle des cinq pains, la Communion de la Magdelaine, & Notre Seigneur faifant la Pàque avec fes Difciples.

Iiv

456 L'enlevement d'Europe, à la fanguine ;
& trois autres Deffins, fujets allégoriques, faits de même, dont une premiere
penfée d'un Tableau de la Paix, qui a
été exécuté pour la Ville de Paris, par
le même.

457 La Paix, la Victoire, la Générofité,
l'abondance, la Force & la Valeur re-
préfentées fous des Figures allégoriques,
avec leurs attributs, faites à la fanguine,
par le même.

458 Deux Académies, favament deffinées à
la fanguine, & au crayon blanc fur
papier gris.

459 Quarante-cinq Deffins, études de Têtes,
Figures & Draperies, faits aux trois
crayons, fur différens papiers.

460 Une Tulipe, peinte à gouache, fur
velin, avec la plus grande vérité.

461 Six autres Gouaches, repréfentant différens Fruits.

462 Deux Cartouches, entourés de plufieurs

Figures allégoriques ; Deffin fait avec foin, à la plume, lavé à l'encre de la Chine, par *B. Picart.*

463 Deux Payfages, à la plume, d'après *Veirotter*; & deux autres Deffins, repréfentant différentes Eftampes, faits de même.

464 Trois Payfages à gouaches, trois autres dans le ftile de *Berghem*, faits alaquarelle ; & un petit Payfage, de forme ronde, par *Pillement.*

465 Un Payfage, aux crayons noir & blanc, fur papier bleu, & dix Deffins de Cartouches, enrichis de Figures & Animaux, à la fanguine.

466 Un Porte-feuille de Deffins, de différens Maîtres, qui feront divifés fous ce N°.

ESTAMPES ENCADRÉES.

467 Les Portraits de Louis XIV & de Louis XV, d'après *H. Rigaud*, par *P. Drevet.*

468 Les Portraits de l'Empereur & de l'Impératrice, par *Kilian*, d'après *Mettens*.

469 Les Portraits de MM. de Saint.Florentin & de Lowendal, d'après *Toqué* & *de la Tour*, par M. *Wille*.

470 Une Sainte Famille, d'après *S. Bourdon*, par *van Scuppen* ; premiere épreuve.

471 La fuite des Batailles d'Alexandre, en fix pieces, d'après *Ch. le Brun*, par *Jean Audran*.

472 Diane & Actéon, & l'enlevement de Proferpine, d'après *de Troy*, par *le Vaffeur*.

473 Andromede & pendant, d'après *F. le Moine*, par *L. Cars*.

474 Le Temps qui enleve la Vérité, & pendant, par les mêmes.

475 L'Arc des Titus, & pendant, d'après *la Croix*, par M. *le Veau*.

476 La Foire de Venife, d'après *Vinckloens*, par *N. de Bruin*.

477 Plufieurs Eftampes de différens Maîtres, qui feront divifées fous ce N°.

ESTAMPES EN FEUILLES.

ÉCOLE D'ITALIE.

478 Rémus & Romulus, & Céfar répudiant Pompéia, gravés par *R. Strange*, d'après *Pietre de Cortone ;* premiere épreuve.

479 La Magdelaine & S. Jérôme, d'après *le Correge ;* & le repos de l'Enfant Jefus, d'après *C. Maratte*, par le même; premiere épreuve.

480 Vénus & Danaé, premiere épreuve, d'après le *Titien*, par le même.

481. Trois pieces, la Libéralité, la Modeftie & la Juftice, & pendant, premiere épreuve, par le même, d'après *Raphaël* & *le Guide*.

482 Quarante-huit pieces d'après *A. Carra-*

che, le Guide , le Baffan & autres , par différens Graveurs, dont plufieurs pieces de la Galerie Farnefe.

483 Soixante-fix pieces, d'après *Raphaël*, *L. Penni* , le *Titien* , *P. Veronefe* , *le Tintoret* & autres , par différens Graveurs.

ÉCOLE DES PAYS-BAS.

484 L'inftruction Paternelle , belle épreuve d'après *G. Terburg*, par M. *Wille*.

485 Le Retour à la Ferme , d'après *N. Berghem* , par *le Bas* ; premiere épreuve avant la lettre.

486 La même Eftampe avec la lettre.

487 Agar acceptée, d'après *le P. Wandick* , par M. *Maffard* , épreuve avant la lettre.

488 Notre Seigneur à la Pifcine , d'après *Dietricy*, par *Flipart*, premiere épreuves.

489 Trois pieces d'après *Vandick* , *Jordaens*

& *Metzu*, par *Salvator*, *P. Pontius*, & *M. David*; dont le Roi boit, & le Marché aux Herbes.

490 Quatre pieces, d'après *E. Schenau*, par *Duflos* & *Halbou*, dont le retour defiré & le Maître de Guittare.

491 Trois pieces, les Œuvres de Miféri-corde, le Chafleur fortuné, & pendant, d'après *Teniers* & *Van-Falens*, par *le Bas*.

492 Les Portraits d'Henri IV & de Sully, gravés en couleur, par *M. Janinet*, d'après *Rubens* & *Porbus*.

493 Huit grandes pieces d'après *Vander Meulen*, Batailles & Payfages, gravées par *Simoneau*, *Bonnart* & autres; dont le paffage du Rhin.

494 Trente pieces, Payfages *de Waterloo*. Sujets & Payfages d'après *Elsheimer*, *Wouvvermants* & autres, dont plufieurs gravés par *Goudt* & *Moyreau*.

495 Quarante-trois pieces diverfes, dont plufieurs de la Paffion de Notre Sei-

gneur, & l'Enfant Prodigue, par *Alber-Durer*.

ÉCOLE FRANÇOISE.

496 La Sultane & la Confidente, d'après
C. Vanloo, par M. *Beauvarlet*, premiere épreuve.

497 La Marchande d'Amours, d'après M.
Vien, par le même; première épreuve.

498 Le Gâteau des Rois, d'après M. *Greuze*,
par *Flipart;* premiere épreuve.

499 Quatre pieces, d'après le même, par
M. *Moitte*, *L. Cars* & *Laurent;* le
Donneur de Sérénade & pendant, le
Bénédicité & l'Aveugle trompé.

500 La Récompense Villageoise, d'après *C.
le Lorrain* par *le Bas;* premiere épreuve
& un Payfage, d'après *le Prince*, par
M. *Leveau*, épreuve avant la lettre.

501 La Tempête au clair de Lune, par
Flipart, d'après M. *Vernet;* premiere
épreuve.

502 Les quatre heures du Jour, d'après le même, par M. *Aliamet*.

503 Deux Rayfages, d'après le même, par *Cathelin*, & *P. Flipart*. Un Payfage avant la lettre, d'après *le Prince*; & la Tendreffe maternelle, d'après M. *Monet*, par M. *Moitte*.

504 Quatre pieces, dont la Bataille & le Triomphe de Conftantin, d'après *Lebrun*, par *N. Tardieu*.

505 Le Juge ou la Cruche caffée, d'après M. *Dubucour*, par M. *le Veau*; & le Roman Dangereux, d'après M. *Lavrince*, toutes deux avant la lettre.

506 Domeftick employement, premiere épreuve, par *W. Reyland*; & deux portraits de femme, en maniere noire, d'après *Reynolds*, dont un avant la lettre.

507 La fuite des Batailles des Chinois en 16 pieces, d'après les deffins exacts & conformes aux Coftumes de cette Nation, gravée par les plus habiles Ar-

tiftes François, fous la direction de M. *Cochin :* il y en a deux épreuves de montées fous verre.

508 La Sentinelle en défaut, & pendant, d'après *Beaudouin,* par M. *de Launay, l'aîné,* & l'arrivée de Voltaire & de Rouffeau aux Champs Elifées, gravée par *Macret.*

509 Les Cerifes & les Prunes, gravées en couleur, d'après d'*Avefne.*

510 Quinze pieces d'après *Oudry,* fuite d'animaux & figures du Roman comique.

511 Douze pieces de *le Moyne,* & M. *Cochin,* Plafonds, Thefes, Fêtes & Catafalques, gravées par *Simoneau, L. Cars* & autres.

512 Quinze pieces, grands Sieges, par *S. le Clerc.*

513 Vingt-trois pièces, d'après *le Brun, la Hyre, Coypel, Weugels* & *Jeaurar,* gravées par *Larmeffin, Feffard, le Vaf-feur* & autres.

514

514 Quarante-huit pieces, d'après *F. Boucher*, suite de figures Chinoifes, Fontaines, Jeux d'Enfans, Cartouches & Payfages gravées par *Huquier*, & autres.

515 Cinquante-huit pieces, compofitions & fuites diverfes, d'après *Chéron*, *Lancret, Chardin, Notoire* & *Bouchardon*, fuites de Vafes & Livres d'Académies, par *Schmidt*, *Cochin*, *Huquier* & autres.

516 Soixante-quatre pieces, Vues des Maifons Royales & figures du Parc de Verfailles, par *Rigaud*, *Silveftre*, *Cochin* & autres.

517 Quatre-vingt-quatorze pieces de *le Clerc*, dont la Pierre du Louvre, plufieurs épreuves des petits Sieges, & différentes fuites de figures & animaux.

518 Cent-fept pieces, Vafes, Ornemens & Arabefques, par *Oppenord* & *Meffonnier*, gravés par *le Blond*, *Huquier* & autres.

K

519 Cent trente-deux pieces, par *Gillot*, *A. Vatteau*, dont la Vie de Notre-Seigneur; suites de figures & trophées, par *Joullain*, *Huquier* & autres.

520 Deux cent onze pieces, par *J. le Pautre*, compofitions de diverfes Architectures, Arabefques & Ornemens.

521 Un Porte-Feuille contenant fix cent pieces d'Architecture & autres, qui feront divifées fous ce N°.

522 Dix-fept pieces du Cabinet de M. de Choifeul & autres, d'après *Teniers*, *P. Poter*, *N. Berghem*, &c. plufieurs gravées par *Lebas* & *M. Martini*, dont quatre avant la lettre.

523 Le repas des Moiffonneurs & la Noce de Village, gravé, en couleur par M. *Janinet*, d'après M. *Ville*; épreuve avant la lettre.

524 Dix-huit pieces, en couleur, d'après *F. Boucher*, MM. *Huet*, *le Barbier* & autres, par M. *de Marteau*.

525 Douze pieces gravées en maniere de crayon, par le même, d'après *C. Vanloo*, *F. Boucher* & autres.

526 Dix-huit pieces, dix repréfentantes des Pêches, enluminées, & huit autres de différentes plantes, deffinées avec foin alaquarel.

527 La fuite des Médailles du Regne de Louis XV, en cinquante-fix pieces, & une fuite de Chiffres en 160 feuilles.

528 Plufieurs lots d'Eftampes qui feront divifés fous ce N°.

ESTAMPES EN VOLUMES.

529 Bas reliefs antiques, par *Perrier*; Rome 1768, un volume en travers, relié en veau.

530 Recueil de Palais antiques, deffinés

K ij

par *P. P. Rubens* , un vol. in-folio relié en veau ; Anvers 1652.

531 Hiftoire des Conquêtes de Louis XV. avec figures , par M. *Dumortous*; un vol. pet. in-folio , relié en veau. Paris 1759.

532 Fêtes données par la Ville de Paris , pour le mariage de Madame Louife-Elifabeth de Frauce; un vol. pet. atlàs relié en veau. Paris 1739.

533 L'hiftoire de l'Abbaye de Saint-Germain des-Prés; un vol. in-folio, avec figures, par *Jacques Bouillart*, relié en veau. Paris 1764.

534 Defcription de la fonte de la Figure de Louis XIV , 1 vol. in-folio , relié en veau. Paris 1762.

535 Defcription du Pont à conftruire fur la Riviere d'Allier, 1 vol. in-folio broché. Paris 1771.

536 Œuvre d'Architecture de M. *Peyre* , 1 vol. in-folio broché. Paris 1765.

537. Parallele de l'Architecture ancienne & moderne, 1 vol. petit in-fol. avec fig. relié en veau. Paris 1702.

538 La suite des Loges du Vatican, en cinquante pieces, par *Aquila & Fantetti*, d'après *Raphaël*, 1 vol. petit in-folio broché.

539 Cabinet de M. le Duc de Choifeuil, compofé de cent trente planches, gravées fous la direction de M. *Bafan*, d'après les plus célebres Tableaux des Trois Ecoles, 1 vol. in-4°. broché.

540 Cabinet de feu M. *Poullain*, gravé par les plus célebres Artiftes de ce fiecle, fous la direction de M. *Bazan*, en cent vingt pieces, d'après les Tableaux des plus grands Maîtres des Trois Ecoles, 1 vol. in-4°. broché.

541 Les Métamorphofes d'Ovide, compofées de cent quarante planches, exécutées par MM. *le Mire*, de *Saint-Aubin*, *Delaunay*, &c. d'après les deffins de

K iij

F. Boucher, Gravelot, MM. *Monnet, Eisen,* & autres, 1 vol. in-4°. broché.

542 Plusieurs volumes qui seront divisés sous ce N°.

VASES DE MARBRE.

MARBRE SICILE.

543 Deux Coupes de forme ronde, couvertes, l'intérieur évidé, ornées chacune de gorge à jour à branchage de
myrte entrelacé, avec moulure à fil de
perles, supportées par un trépied à
riche cul de lampe à baluftre, & de
guirlandes de perles entre trois confoles
à figure de femme, terminées par un
rinceau à volutes fur focle ouvragé, le
deffus de chaque couvercle, à rofaffe
à gaudrons, à jour, à feuilles d'eau, &
épis avec bouton en panaché ; le tout
placé fur un fût de colonne en marbre
griotte d'Italie, à quarré en avant-corps,
auffi garni de guirlandes de perles & de
focle rond à moulure, unie & bandeau
breté. Hauteur totale 21 pouces, diametre compris la faillie des ornemens
9 pouces.

K iv

Ces deux morceaux font d'une belle qualité, & leur genre de monture produit un riche effet.

ALBATRE ORIENTAL.

544 Deux Vafes, rubanés, ornés de boutons, anfes à rinceaux, à mafcarons, tore de laurier, culot à cannelures avec pied en avant-corps, en bronze doré. Hauteur 14 pouces.

ALBATRE FLEURI.

545 Deux Vafes forme d'Urne, garnis de gorges, anfes à têtes de bouc, culot à feuilles d'ornemens, fur piédouche de même matiere fur focle en bronze, & d'où fortent des tiges de lys formant girandoles à trois branches. Hauteur 32 pouces.

VERT D'ECOSSE.

546 Deux Vafes forme d'Urne, couverts, l'intérieur évidé à bandeau uni, le corps

à cannelures & tore pris de relief dans le marbre, garnis de boutons à pomme de pin en bronze doré; placés chacun fur une bafe quarrée en marbre Sicile. Hauteur 18 pouces, diamétre 7 pouces; hauteur des bafes, 4 pouces fur 5 pouces 6 lignes en quarré.

BROCATELLE D'ESPAGNE.

547 Deux Vafes, de forme oblongue, de belle qualité, l'intérieur évidé fur le piédouche & focle de même genre. Hauteur 11 pouces 4 lignes.

MARBRE NOIR.

548 Deux Vafes forme de Médicis, évidés fur leur piédouche & focle de même genre. Hauteur 12 pouces, diametre 8 pouces. Ils font un peu endommagés.

549 Deux vafes fond rouge, de forme ovale, garnis de boutons, rofaffe, gorge à jour & pied octogone en bronze doré. Hauteur 13 pouces, largeur 10 pouces 6 lignes.

BUSTES ET FIGURES DE MARBRE.

550 Deux Buftes d'Empereurs en albâtre, avec draperie & piédouche de même genre. Hauteur 14 pouces 6 lignes.

551 Un Bufte en marbre blanc, très-bien fculpté repréfentant Henri IV, placé fur focle rond en marbre blanc, & plinthe en marbre noir. Hauteur

552 L'Amour endormi la tête appuyée fur fon Carquois, placé fur focle à moulures à feuilles d'ornément, & fupporté par quatre pieds à griffes de lion en bronfe doré. Hauteur 9 pouces 6 lignes, largeur 12 pouces.

553 Un Bufte en marbre blanc fur fon piédouche. Hauteur

BUSTES ET FIGURES DE BRONZE.

554 Deux Buftes, l'un repréfentant Louis

XIII, & l'autre la Reine Médecis, tous deux bien réparés, fur piédouche en marbre noir. Hauteur.

555 Deux Buftes drapés, caractérifant deux Empereurs.

556 Le Lantin & la Vénus, placés chacun fur pied à feuilles d'ornément en bronze doré. Hauteur 19 pouces 6 lignes.

557 Bacchus & une autre Figure en pendant, fur focle en bois noirci à filets de cuivre, fupporté par quatre griffes de lion. Hauteur 17 pouces.

558 Le Bufte d'Henri IV en bronze, & celui de Médecis fur focle en bois noirci. Hauteur 9 pouces 6 lignes.

559 Un Louis XIV, équeftre de moyenne proportion, placé fur piédeftal en bois d'ébène à filets de cuivre liffés, orné d'écuffons aux Armes de France, & de quatre confoles à rinceaux d'ornémens & autres acceffoires en bronze. Hauteur 21 pouces 6 lignes, largeur 12 pouces.

560 Une Bacchante , placée fur focle en bois noirci. Hauteur 15 pouces.

561 Six Buftes bien réparés , repréféntant fix Auteurs , Homere , Virgile , Socrate , Platon , Demonfthene & Cicéron , fur leurs piédouches en bronze , & placés fur fut de colonne de marbre bleu tur-quin , avec infcription & tore à moulure à fil de perles en bronfe doré. Hauteur 10 pouces 6 lignes.

562 Quatre Bas-relief , repréféntant les qua-tre Saifons , chacun dans leur bordure à moulure & fil de perles en bronze doré.

PORCELAINES DU JAPON.

563 Deux Urnes à huit pans , couvertes , à cartouches forme d'éventail , à pagodes , branchages & fleurs coloriées , feftons à mofaïque , fond bleu , & petits deffins tracés en rouge fur le corps , ainfi que fur le couvercle , ornées de bouton & rofaffe à pomme de pin , de gorge à

feuilles d'ornément & fleurs , à confoles & mafcarons figurant les anfes, terminées par un pied octogone, ouvrage en bronfe doré. Hauteur 21 pouces.

564 Deux cornets, à quatre pans , à cartouches & branchages coloriés & deffins tracés en or. Hauteur 11 pouces.

PORCELAINES CELADON DU JAPON.

565 Deux beaux cornets, à deffins gauffrés, & à cartouches fond bleu & blanc, à modele & feuillages , garnis de gorge à feuilles de laurier, têtes de bélier figurant les anfes avec guirlandes , & tore cannelé auffi à feuilles de laurier, fur focle octogone en bronze doré. Hauteur 18 pouces.

566 Un Vafe, de forme lisbet, de ton clair, à deffins de genre chinois , avec cartouche en espece d'évantail , fond bleu & blanc, orné de gorge à tore de laurier, anfes à rinceaux à têtes de bélier, à guirlandes de feftons & feuillages , fur focle octogone en bronze doré. Hauteur 24 pouces.

567 Une Fontaine à panse bombée, à deſſins gauffrés, garnie de gorge formant chûte d'eau, robinet, & terminée par des dauphins, avec pied à avant corps en bronze doré. Hauteur 20 pouces.

568 Une Bouteille à côtes de mêlon, & à anſes priſes de relief dans la Porcelaine, garnie de boutons, anneaux à feuilles de laurier, & pied en bronze doré. Hauteur 15 pouces.

569 Deux Bouteilles à côtes, à anſes de relief, garnies de gorge ouvragée & anneaux à feuilles de laurier, avec pied en bronze doré. Hauteur 11 pouces 6 lignes.

570 Deux ſinguliers Vaſes, forme de melon, à branchages & feuilles de relief, priſes dans la porcelaine, & garnis de cercles & pieds en bronze doré. Hauteur 9 pouces 6 lignes.

571 Un Plateau, de ton clair, formant écritoire, garni de doublure de cornet, encrier & poudrier, & de pieds en bronze doré. Hauteur 3 pouces, largeur 9 pouces.

572 Un Vafe craquelé, garni de rofaffe, gorge à feftons, & pied uni en bronze doré. Hauteur 14 pouces.

PORCELAINES DE LA CHINE.

573 Une Chimere, très finguliere, fond brun.

574 Une autre Chimere, auffi fond brun.

575 Un Magot, d'un caractere grotefque, auffi fond brun.

576 Deux Perroquets, nuancés de bleu, perchés fur un tronc d'arbre, fond brun, le tout pris dans la Porcelaine. Hauteur 10 pouces 6 lignes.

577 Un Berceau, garni de feuillages, fleurs & fruits, le milieu orné d'une Pagode à longue barbe, appuyant une main fur fon chapeau, & de l'autre tenant une branche, le tout prix de relief dans la Porcelaine. Hauteur 15 pouces.

578 Un Vafe à cartouche, à modeles & ma-

gots coloriés, garnis de bouton, gorge à jour, avec rofaffe, cercles, anfes à mafcarons, & pied à feuilles en bronze doré. Hauteur 14 pouces.

579 Deux Chimeres, fond verdâtre, nuancées de violet, fur piedeftal de même genre. Hauteur

580 Un Pied à fix pans, fond vert, à modele, fupporté par fix pieds de biche, fond jaunâtre, à deffins verts, le tout pris dans la Porcelaine.

581 Deux Chiens, fond rouge, fur terraffe à rinceaux d'ornément, d'où fort une tige formant girandole à trois branches en bronze doré. Hauteur 16 pouces.

582 Un Vafe bleu & blanc, à deffins de dragons & rofettes, garni de bouton à pomme de pin rofaffe, gorge à gaudron fur piédouche, à oves & cannelures en bronfe doré. Hauteur 19 pouces.

583 Deux petits Vafes de terre de Perfe, fond bleu, garnis de bord à feuilles de laurier,

laurier, anfes en confoles & feftons de
draperies, avec pied ouvragé en bronze
doré. Hauteur 9 pouces 6 lignes.

PORCELAINES DIVERSES.

584 Un beau Vafe, couvert en Porcelaine
de Seve, à anfes, guirlandes de chêne
& gland, le corps à cannelures, le pour-
tour à bas-relief, fujet d'Enfans & animaux, culot à gaudron, fur piédouche
à cannelures & filets dorés, le tout pris
de relief dans la Porcelaine. Hauteur 20
pouces 6 lignes.

585 Un Vafe de Porcelaine de Seve, fond
bleu turc, couvert, garni à guirlandes
de rofe, culot à feuilles d'ornement,
piédouche à gaudrons & cannelures
en bronfe doré. Hauteur 13 pouces 6
lignes.

586 Deux Flambeau de Saxe, compofés
de deux petits Enfants, foutenant un
baluftre d'où fort un rinceau formant
girandole à deux branches, terminés

L

par un pied à cannelures & coquilles à filets dorés, le tout pris dans la Porcelaine. Hauteur 12 pouces.

587 Un pareil.

588 Deux Pots pourris de Saxe, forme de coquille, avec couvercle à branchages, & touffes de feuillages & fleurs de relief.

589 Un Magot en terre brune, affis fur une efpece de couffin de même genre, & formant pot-pourri.

MEUBLES.

590 Une Table de Marqueterie, première partie, fond écaille, ouvrante à trois tiroirs fur la face, le deffus à riche deffin, ornée de carderons, cadres & mafcarons, tant fur les faces que fur les côtés, & fupportée par quatre fortes confoles à figure de femme, & rinceaux d'ornément & volute, & pieds en rampe en marqueterie & volute, le tout en bronze

doré. Hauteur 2 pieds 5 poucer, largeur 4 pieds.

591 Un bas d'Armoire en marqueterie, ouvrant fur les côtés, le milieu orné d'un
panneau en bois de rapport, à fleurs &
oifeaux, orné de moulures, rinceaux
d'ornemens, chûtes, & fupporté par
quatre boules à calotte en bronfe doré,
avec deffus de marbre vert de mer. Hauteur 3 pieds, largeur 4 pieds, profon-
deur 15 pouces.

592 Une Table plaquée en bois des Indes,
ouvrant à trois tiroirs fur la force, fupportée par quatre confoles, & féparés
par deux gaînes à cannelures de cuivre
liffe avec entre-jambes, le tout orné de
cadres, mafcarons, rinceaux d'ornément, fortes têtes de fatyres & autres
accefloires en bronze doré, avec deffus
de marbre, brêche d'Alep. Hauteur 2
pieds 7 pouces, largeur 4 pieds.

593 Une Commode, fond noir à oifeaux &
branchages en or, demi-relief ouvrant
à deux tiroirs, & fupportée par quatre

L ij

pieds, garnie d'entrée, mains, rinceaux & sabots en bronse doré, avec dessus de brêche d'Alep. Hauteur 2 pieds 8 pouces, largeur 5 pieds.

594 Deux Encoignures de forme bombé, fond noir, à châteaux & pagodes en or de relief, ouvrant à un battant, garnies chacune de câdres, les chans à chûtes d'ornément, & autres accessoires en bronze doré, avec dessus de brêche d'Alep. Hauteur 33 pouces, largeur 31 pouces.

595 Une Armoire plaquée en bois de rose, ouvrant à deux battans, l'intérieur à tablettes à crémailler. Hauteur 5 pieds, largeur 3 pieds.

596 Une autre pareil, ouvrant aussi à deux battans à panneaux de treillage.

597 Une Commode, ouvrant à deux tiroirs, plaquée en bois de rose, à trophée de musique, garnie d'entrée, anneaux & chûtes avec sabots en bronze doré, avec dessus de marbre Sainte-Anne. Hauteur 32 pouces, largeur 4 pieds.

598 Un Secrétaire en Armoire, en bois de rofe & bois fatiné, ouvrant à un battant & à fix tiroirs, & coffre fort dans le bas, avec deffus de marbre de Flandre. Hauteur 4 pieds 6 pouces.

599 Deux petites Tables en bois de rofe & bois fatiné, à quatre gaînes, garnies de carderons & moulures en bronze doré. Hauteur 32 pouces.

600 Une petite Chiffoniere en acajou maffif, à fix tiroirs, avec deffus de marbre Sainte-Anne. Hauteur 2 pieds.

601 Un petit Coffre quarré, en bois d'acajou.

602 Deux Colonnes cannelées, en ftuc de ton jaune antique, avec tore & focle peint en marbre blanc. Hauteur 3 pieds 5 pouces, diametre 10 pouces 9 lignes.

603 Deux Ecritoires plaquées en bois d'ébene, de forme quarrée, garnies d'encrier & poudrier, & ornées de moulures, & guirlandes de rofe fur chaque

face , en bronze doré. Hauteur 4 pouces , largeur 13 pouces.

604 Plufieurs Pieds & Socles de marbre ,
qui feront détaillés fous ce N°.

605 Un Télefcope de Paffeman , dans fa
boîte.

606 Une Harpe.

607 Une Epinette.

608 Un Fufil.

P E N D U L E S.

609 Une Pendule , mouvement de *Bouchet* ,
Horloger du Roi , fonnant les heures
& demi , marquant les quantiemes du
mois & jour de la femaine , & à fecondes , dans fa boîte , accompagnée de
deux confoles à volutes , & terminée
par un vafe d'où fortent des fleurs &
fruits , & placée fur un entablement en
marbre blanc , foutenue par quatre colonnes de même genre , féparées par un
mafcaron ; le corps d'Architecture orné

de feuilles de lierre , de nœuds de rubans & chûtes de fleurs , avec balancier à foleil , le tout en bronze doré d'or mat , placé fur un focle en marbre blanc , auffi orné en bronze doré. Hauteur 21 pouces 6 lignes.

610 Une Pendule , mouvement de *l'Epine* , à Paris , fonnant les heures & demi , à fecondes , & marquant les quantiemes du mois, renfermée dans une efpece de Temple , foutenue par quatre colonnes cannelées , & terminée par un obélifque en criftal bleu , furmonté d'un globe , le tout en bronze doré d'or mat , le balancier formé par une forte moulure à fil de perles , placé fur focle en marbre blanc , orné de moulures à cordes & fil de perles , le milieu garni d'une glace. Hauteur 17 pouces.

611 Une Pendule tournante , fonnant les heures & demi , préfentant un temple à colonnes ornées de bafe & chapitaux , avec entablement à mafcarons à guirlandes de laurier , confoles & moulures à oves , accompagné de deux obélifques.

fur piedeftal, & de bornes avec guirlandes de chaînes, le milieu orné d'un
Mercure, le haut terminé par un dôme
ouvragé, furmonté d'un baluftre avec
vafes, préfentant fur la face un cadran
où l'on voit un papillon qui marque les
heures, le tout placé fur un focle ovale
orné en bronze doré, & fupporté par
fix boules en marbre bleu turquin, peint
en porphyre.

GIRANDOLES EN BRONZE DORÉ.

612 Un Groupe de deux figures de Femmes, en bronze en couleurs antiques,
foutenant une tige de lis, avec branchages de rofe dans le milieu, formant
girandole à trois branches, placé fur
un fût de colonne cannelé, à moulures à gaudrons & tigettes, avec tore à
feuilles d'ornément & avant-corps, en
bronze doré. Hauteur, compris le fût,
33 pouces 6 lignes.

613 Deux Girandoles à figure de Femme,
en bronze en couleur antique, foutenant une tige de lys à trois branches en

bronze doré, placées chacune fur un fût de colonne en marbre blanc, ornée de moulures à gaudron, avec guirlandes de perle & de focle breté, fupporté par quatre boules à côtes. Hauteur 32 pouces 6 lignes.

614 Deux girandoles à trois branches à rinceaux d'ornément, le milieu orné d'un cornet d'abondance d'où fortent des fruits, & fupporté par un flambeau à pilaftre ouvragé, avec focle à guirlandes de draperie, & moulures à feuilles en bronze doré. Hauteur 16 pouces 6 lignes, diametre 11 pouces.

615 Deux Girandoles à fix branches, à rinceaux & mafcarons, fupportées par un baluftre à gaudron, & pieds à feuilles d'ornément en bronze doré.

FEU, FLAMBLEAUX ET BRAS.

616 Un Feu à recouvrement compofé d'un trophée avec lion, pofé fur un fût de colonne cannelé, à frifes à jour, & terminé par une flamme avec fa garniture de pelle & pincettes.

617 Deux Flambeaux à feuilles. d'ornement, en bronze doré.

618 Une paire pareille.

619 Une paire de Bras à deux branches, à rinceau d'ornement , en bronze doré.

620 Deux Tablés de forme cintrée , à enta-blement à postes & feuilles d'ornement, supporté par deux gaînes cannelées à oves & tigettes , terminées par une entre-jambe, ornée d'un vase à guir-landes de lauriers & fleurs, le tout en bois sculpté & doré , avec dessus de marbre bleu turquin. Hauteur 30 pou-ces , largeur 26 pouces.

621 Deux autres Tables en encoigneure , de même genre d'ornement & sculp-tures, avec dessus de marbre bleu tur-quin. Hauteur 30 pouces , largeur 18 pouces.

BOITES D'ANCIEN LAQUE DU JAPON.

622 Une très-belle Boîte, de forme ovale ;
montée en cage & doublée d'or, avec
bordure & pilaſtre à chaînettes en or de
couleur ; le deſſus à deux pagodes dans
une petite barque avec chimere & ar-
briſſeaux en or de relief, les bâtes à
petits feuillages, le deſſous à chimere
de relief ſur un beau fond or.

623 Une Boîte à huit pans, doublée d'or &
montée en cage à bordure en or de couleur, de laque de la plus précieuſe qualité, le deſſus à fruits, modeles & bandes
en or de différentes couleurs, le deſſous
à modeles & oiſeaux de même genre,
les bâtes auſſi fond or.

624 Une Boîte, de forme quarrée, à deux
tabacs, à feuillages en or de relief, avec
bordures & pilaſtres gravés.

625 Une Boîte de forme quarrée à pilaſtre
cannelé, bordures à guirlandes de roſe

en or de couleur, le deſſus fond noir à trois pagodes & feuillages demi-relief, le deſſous à feuillages & la bate fond avanturine.

626 Une Boîte de forme ronde, fond or à roſaſſe de relief garnie de gorge & cercle en or.

627 Une Boîte de forme ovale, doublée en or, en laque uſé fond noir, le deſſous & le deſſus à petites pagodes dans des barques, avec châteaux & feuillages, demi-relief avec bordure & pilaſtre émaillées.

628 Une Boîte doublée d'or, fond avanturine à pilaſtres & bordure en or de couleur.

629 Une Boîte quarrée, doublée en or, à pagodes & chevaux demi-relief, avec bordure & pilaſtre gravé à guirlandes de roſe.

630 Une grande Boîte fond noir à galons & doublure d'or avec magot de relief.

BOITES ET BIJOUX DIVERS.

631 Une très-belle Boîte de coulé, à huit
pans, montée en cage & doublée en or,
le deſſus à corbeille de fruits & animaux,
la bâte & le deſſous à fleurs, oiſeaux &
fruits.

632 Une Boîte à mouches à moſaïque en
malaquite, garnie de ſa petite broſſe &
doublée d'or, bordure & pilaſtre à
fleurs.

633 Une Boîte de lave, de forme ronde
garnie de gorge & cercle en or.

634 Une autre Boîte fond blanc, garnie de
gorge, bec & cercle en or.

635 Une Boîte de bois pétrifié, garnie de
gorge, bec & cercle en or.

636 Une Boîte ronde, d'Agate d'Allemagne, garnie de cercle, gorge & bec
en or.

637 Une Boîte ovale, en caillou fond brun, garnie de gorge, cercle & bec en or.

638 Une Boîte de bois pétrifié, garnie en or de manheim.

639 Une Boîte ovale, compofée de deux belles coquilles de Magellan, montée en cage & doublée en or, à bordure & pilaſtre gravés.

640 Une Boîte à huit pans, en cornaline, montée en cage, à bordure & pilaſtre en or de couleur.

641 Une Boîte en bois pétrifié à huit pans, montée en cage à bordure & pilaſtre en or de couleur.

642 Une Boîte ronde, d'écaille noire, garnie de gorge & cercle en or, le deſſus orné de camée en relief, repréſentant un chien, & entouré d'un cercle d'or.

643 Une Boîte à petites roſettes en or, fond bleu garnie de deux cercles en or.

644 Une Boîte quarrée, de caillou fond jau-

nâtre, garnie de gorge & bec en or gravée.

645 Une Boîte à huit pans, de bois pétrifié, fond brun foncé, montée en cage, à pilaftre uni, avec bordure à guirlandes en or de couleur.

646 Une Boîte à huit pans, doublée d'or, à bordure & pilaftre en or de couleur, ornée de médaillons à miniature, repréfentans des Payfages.

647 Une Boîte ovale, émaillée en bleu à médaillon, & garni d'or.

648 Une Boîte de lapis, à huit pans, montée en or avec médaillon, & garnie de perles fines.

649 Une grande Boîte quarrée, en amétifte & garnie de gorge d'or.

650 Une Boîte ronde, en criftaux & feuilles bleu à gorge, galons & doublure d'or avec médaillon de taffetas rofe.

651 Une Boîte ovale, à gorge & galons

d'or, à feuilles de perfil à miniature, fujet de Marine.

652 Une Boîte à huit pans, en malaquite à gorge, doublure d'or & galons à feuilles de perfil.

653 Une Boîte d'écaille noire, ronde à gorge d'or, avec camée en agate fur le couvercle à figure de femme.

654 Une Boîte à huit pans en écaille piquée à gorge & doublure d'or, le deffus à oifeau, le deffous à pigeons & la bâte à tigre & oifeaux.

655 Une Boîte d'ivoire, à huit pans, enrichie d'or de couleur à pilaftres, bordure & doublure d'or & à fix médaillons.

656 Une Boîte ovale, à gorge & galon d'or à chaînettes & bandes d'or vert.

657 Une Boîte ronde vernie, fond vert, à doublure, gorge & galons d'or, à guir-landes, rofettes & charniere en or de couleur.

658 Une petite Boîte ovale, de criftal de roche, à gorge d'or.

659

659 Une Boîte ovale, guillochée à bordure de perles, avec plaques de caillou.

660 Une Boîte ronde doublée d'or, de bois de Rigolla avec médaillon en émail préfentant deux colombes.

661 Une Boîte fond lilas à miniature, repréfentant Lucrece garni d'un cercle à perles en or.

662 Une Boîte à quatre galons d'or unis, dont un gravé à chenettes avec miniature, repréfentant un Temple & des Figures.

663 Une Boîte lilas, le deffus à quatre médaillons, à cercles en or, dont Abeillard & Héloïfe, les deux autres à petits bas relief d'enfans.

664 Une Boîte d'écaille noire garnie de cercle d'or, avec portrait de Sultane.

665 Une Boîte d'écaille blonde, à bandes d'or, garnie de fa gorge & de quatre galons gravés à chaînettes.

M

666 Une Boîte de bois pétrifié, de forme ovale, à gorge & bec, à jour en or.

667 Une Boîte d'écaille noire, à gorge & doublure en or, avec rosettes & médaillon à chaînettes garni d'un taffetas bleu.

668 Une Boîte d'or ovale ouvrant à deux côtés, renfermant un carillon, à médaillons & guirlandes en or de couleur, avec médaillon émaillé sur le dessus.

669 Une Boîte d'écaille puce, avec le cercle en or & deux médaillons.

670 Une grande Loupe de laque rouge, richement garnie en or de couleur, dans son étui de roussette.

671 Un Berloquet & sa chaîne d'acier, composé d'une paire de Ciseaux à branches d'or, porte-Crayon, Peloton, Couteau à manche de nacre & lames d'or, un Pied-de-roi, une Boîte à mouche en or, un Flacon à bouchon d'or, un Dés & Etui à aiguille, un Etui

d'or, le tout dans des doubles Etuis
en ivoire, garnis de cercles, gravés &
boutons en or.

672 Une Boîte à huit pans, en prime de
grenat, montée en cage, en or.

673 Une Boîte de caillou gris & noir, à
gorge & charniere d'or.

674 Une paire de Boucles d'argent couvertes
d'or, dans fon étui.

675 Une Boîte d'écaille noire, à fecret, à
gorge & galons d'or, gravés, le deffus
& le deffous à rofettes.

676 Un Ballon d'écaille blonde, à gorge
d'or.

677 Une Boîte fond rouge à paillettes & à
quatre galons d'or, dont un gravé.

678 Un Boîte d'écaille bleue, à médaillon du
ballon garni d'un cercle d'or.

679 Une Boîte d'écaille grife, à médaillon
d'Hnri IV & Louis XVI, garnie de
cercle d'or gravé.

M ij

680 Une Boîte puce à médaillon d'ivoire, au plus adroit garni d'un cercle d'or à cordes.

681 Une Boîte puce à médaillon fond or, à cercle d'or.

682 Une Boîte d'écaille noire ovale à gorge & médaillon, à cercle d'or.

683 Un Tire-bouchon de nacre garni d'or dans fon étui de roufette.

684 Un Couteau de nacre à bandes & cuvettes d'or, & à lame d'argent dans fon étui de roufette.

685 Une Cave à quatre flacons & entonnoir, garnis d'or, dans fon étui de roufette.

686 Une Montre d'or de l'*Epine*, de Paris.

687 Un Etui de malaquite, garni de deux Lunettes, le tout très-richement monté en or de couleur, avec une petite cartouche.

688 Un Flacon de cryftal enrichi d'un bouchon d'or.

689 Un autre Flacon auffi de cryftal de roche.

690 Un Flacon de cryftal garni d'un bouchon en or.

691 Une Ecritoire en écaille noire, garnie de quatre cercles à chaînettes en or.

692 Une Lunette d'écaille de Gonichon, garnie de cercles en or.

693 Un Porte-crayon, verni, rouge avec plume & cercle en or.

694 Une grande Montre d'argent unie à bordure gravée.

695 Un Etui d'ivoire à cure-dent à virolle d'or.

696 Un Etui plat auffi en ivoire à virolle d'or.

697 Un Etui d'écaille à virolle d'or.

698 Deux demi pieds d'ivoire à virole d'or.

699 Une Lorgnette de Galucha, garnie de cercle d'argent dans fon Etui.

M iij

700 Une Chaîne de Marcaffite à cinq portes moufquetons d'or.

701 Un Coffre quarré de laque fond avanturine, à feuillages & rofettes en or.

702 Un Cadre avec toutes les peintures d'une boîte à huit pans.

703 Une paire de Boucles à pierre & une paire de Bracelets avec deux plaques piquées en or.

704 Trois Porte-Feuilles à ferrure d'argent.

705 Trois autres Porte-Feuilles fans ferrure.

B A G U E S.

706 Une Turquoife entourée de brillans.

707 Une Turquoife pareille.

708 Une Eméraude entourée de brillans.

709 Une Opale entourée de brillans.

710 Un Rubis entouré de double cercle de brillans & de petits rubis.

711 Un Rubis pareil.

712. Une Agate arborifée repréfentant un papillon.

713 Une Agate pareille.

714 Une Alliance en turquoife entourée de diamans.

715 Une Opale entourée de petits Rubis, Emeraudes & brillans.

716 Un Rubis cabochon, entouré de brillans jaunes.

717 Une Tête d'Agate de relief, entourée de brillans.

718 Une Tête gravée fur coquille.

719 Une Agate arborifée, entourée de rubis.

720 Une Bague entourée de perles fines.

721 Une Tête de cheval, gravée fur agate.

722 Un petit Diamant rofe.

723 Une Aigue marine.

M iv

724 Une Bague d'Amétifte, montée à jour.

725 Une Tête gravée fur cornaline.

726 Une Tête en Agate fur un fond à deux couches.

727 Un Arbriffeau fond rouge fur fond blanc.

728 Une Canne d'écaille à pomme d'or.

729 Deux petits Emaux de forme ovale, fujet Flamand.

730 Une Bague entourée de brillans, compofition verte, le milieu orné d'une Tête de grenat Syrien.

731 Une paire de Boucles de nuit en rubis & rofes.

732 Une Bague en cornaline gravée en creux, & montée en or.

733 Une autre Bague en cornaline, montée en or & gravée en creux.

734 Une Bague montée en pierres rofe avec chiffre en or.

735 Une Baguë d'Agate à deux, gravée en creux & montée en or.

736 Plufieurs Objets qui feront détaillés fous ce N°.

SUPPLÉMENT

AU CATALOGUE

De feu M. BAUDOUIN.

TABLEAUX.

737 Une Fête de Bacchus, riche & agréable, compofition de plus de cinquante Figures, peinte fur cuivre par *J. Rotenhamer*. Hauteur 13 pouces, largeur 18 pouces 3 lignes.

738 Ue Payfage d'un fite pittorefque, fur le devant duquel on voit Saint Jérôme en acte d'adoration ; ce Tableau d'une bonne couleur eft peint fur toile, par *P. Bril*. Hauteur 17 pouces 6 lignes, largeur 23 pouces 6 lignes.

739 Priam fuppliant Achille de lui rendre le corps d'Hector. Ce Tableau d'un

effet favant & d'une brillante couleur,
eft peint par *Ch. Coypel.* Hauteur **17**
pouces 6 lignes, largeur **28** pouces 6
lignes. T.

740 Un intérieur de Palais , dans lequel on
voit Vénus & Adonis accompagnés de
plufieurs Amours. Ce Tableau , peint
par *la Joue* , porte **20** pouces de haut,
fur **1 5** pouces de large. T.

DESSINS ENCADRÉS

ET EN FEUILLES.

741 L'Annonciation , par *S. Vouet* & *Albi-
nius ;* & fa Famille defcendant de fon
Char pour y faire monter les Veftales ,
par *E. le Sueur ;* tous deux à la plume &
au biftre.

742 Une belle Etude d'homme , vue à mi-
corps , la tête de trois quarts , & dont
le caractere eft de la plus belle expres-
fion. Cette production , d'un deffin feve-
re, & d'une grande pureté, eft favament

exécuté aux trois crayons , par *M. Bley*.

743 Huit Deſſins , par *Ch. le Brun*, *Michel Corneille* & autres , dont un Plafond , repréſentant les Emblêmes de la Religion, & une Viſitation.

744 S. Jérôme , par *le Mutien* , fait avec eſprit , à la plume ; & le Sacrifice d'Abraham , par *Van-Uliet*.

745 Cinq Deſſins *de Vannius* , *Michel Cor. neille* & autres , dont Ruth aux pieds de Booz , lavé avec ſoin & rehauſſé de blanc.

746 Six Deſſins, par *E. le Sueur*, *le Brun*, *Watteau* , *Picart* & *Oudry* , dont la naiſſance de la Vierge.

747 Deux ſujets de Maſcarade , librement deſſinés , à la plume ; à Rome , par *E. Bouchardon*.

748 Vingt-une contre-preuves de Figures , Vaſes & Fontaines , d'après l'antique , & ſept Deſſins de différens Maîtres.

ESTAMPES EN FEUILLES.

749 La Réfurrection du Lazare , gravée par *J. Muller*, d'après *Ab. Bloëmaert*, fuperbe épreuve.

750 Le Portrait de Coppenol , par *C. Viffcher*, premiere épreuve avant la lettre ; nous y avons joint une piece d'écriture de ce Maître.

751 Le Jugement de Salomon , d'après *Rubens* , par *B. Bolfwert* , premiere épreuve.

752 Huit Eftampes, d'après *J. Romain*, par *G. Mantuan* & autres , dont le Combat Naval , Céphale & Procris.

753 Douze autres pieces, par les mêmes & autres , dont le Repas de Balthafar.

754 Vingt pieces , gravées par *C. Cort* , d'après différens Maîtres.

755 Vingt-quatre pieces , d'après *Raphaël*, *J. Romain*, *Michel Ange* & autres.

756 Vingt autres, d'après *Polidore*, *A. Car-rache*, *le Guerchin*, *le Guide* & autres. Vingt-deux autres, d'après *Polidore*, *P. de Cortone*, *Lanfranc*, *G. Lairesse* & autres.

757 Quarante-six pieces, d'après *Raphaët* & autres, dont plusieurs par *J. Bona-sone*, *C. Cort.*

758 Vingt - deux Paysages, par *Labella*, *Franceschini* & autres.

759 Cent soixante-douze pieces de diffé-rens Maîtres, qui seront divisées sous ce N°.

760 L'enlevement des Sabines, en cinq feuilles, par *Ch. Albert* ; & une Frise en sept, par *Goltzins*, d'après *Polidor.*

761 Vingt pieces, d'après *Raphaël*, *Poli-dor* & *le Primatice* ; dont une suite en huit feuille, gravée par *P. Santi Bar-toli* ; & une suite de jeux d'Enfant en cinq feuilles, par *Beatricius.*

762 Quatre-vingt-neuf pieces, suite d'Ara-besques & autres, dont plusieurs gravées par *Otto Vannius.*

763 Les Travaux d'Ulyffe, d'après *le Primatice*, par *T. Van-Tulden*, en cinquante-huit pieces.

764 Quarante-huit pieces, fujets de Batailles, & fuite d'Apôtres, par *J. Lanfranc*.

765 Trente-fix pieces, d'après *Polidor* & autres, dont plufieurs fuites de Frifes.

766 Différens objets qui feront divifés fous ce N°.

F I N.

FEUILLE DE DISTRIBUTION
De la Vente de M. Baudouin.

PREMIERE VACATION.

Du Samedi 11 Mars 1786.

ÉCOLE D'ITALIE.

N°. 2 N. Berettoni.
4 J. Ribera, *dit* l'Espagnolet.
9 P. Locatelly.

ÉCOLE DES PAYS-BAS.

10 Math. Bril.
11 Ab. Bloemaert.
14 J. Miel.
15 J. D. Deheem.
17 D. V. Veten.
26 Ab. Hondius.

ÉCOLE FRANÇOISE.

32 J. Stella.
35 C. Vignon.
41 J. B. de Fontenay.
46 L. Galloche.
50 G. Perelle.
59 Partie.
61 Idem.

GOUACHES ET PASTELS.

65 Agricola.
68 Ditch.
75 Deux Gouaches.

76

76 M. Durand.
77 Idem.

DESSINS ENCADRÉS DES TROIS ÉCOLES.

82 L. Cangiage.
86 J. Steen.
90 J. Mayer.
92 S. Bourdon.
94 Ant. Coypel.
98 F. Boucher.
99 La Rue.
104 M. Parizeau.

VASES DE MARBRE.

549 Deux Vases.

FIGURES DE MARBRE.

552 L'Amour endormie.

BRONZES.

557 Bacchus & pendant.
558 Henri IV & la Reine Médicis.

PORCELAINES DIVERSES.

564 Deux Cornets du Japon.
571 Une Ecritoire.
572 Un Vase celadon.
580 Un Pied à six pans.
582 Un Vase bleu & blanc.
583 Deux Vases de terre de Perses.
586 Deux Flambeaux de Saxe.
587 Un pareil.

MEUBLES.

595 Une Armoire en bois de rose.
596 Une pareille.
597 Une Commode idem.

N

601 Un Coffre d'Acajou.
604 Partie.

PENDULES.

610 Une Pendule.

GIRANDOLES.

614 Deux Girandes.
616 Un Feu.

BIJOUX DIVERS.

682 Une Boîte d'écaille.
683 Un Tire-Bouchon de nacre.
684 Un Couteau idem.
685 Une Cave.
686 Une Montre d'or.
687 Un Etui de malaquite à lunettes.
688 Un Flacon.
689 Un idem.
690 Un autre idem.
691 Une Ecritoire.
692 Une Lunette.
693 Un Porte crayon.
694 Une Montre d'argent.
695 Un Etui d'ivoire.
696 Un idem.
697 Un idem.
698 Deux Demi-pieds d'ivoire.
699 Une Lorgnette.
700 Une Chaîne.
701 Un Coffre de laque.
702 Un Cadre avec miniature.
703 Une paire de Boucle, &c.
704 Trois Porte-feuille.
705 Idem.
717 Un Arbriffeau fond rouge.
718 Une Canne d'écaille.

729 Deux petits Emaux.
730 Une Bague.
731 Une paire de Boucle de nuit.
732 Une Bague en cornalline.
733 Une idem.
734 Une Bague.
735 Une Agathe.
736 Partie.

DEUXIEME VACATION.

Du Lundi 13 Mars 1786.

ÉCOLE D'ITALIE.

Nᵒ. 3 Michel-Ange de caravage.
7 Le Ch. Calabrois.

ÉCOLE DES PAYS-BAS.

13 G. Nieulan & Ant. F. Vander Meulen.
18 J. Hans Jordaens.
19 Herman d'Italie.
22 Ploomc.
29 Bout & Baudouin.

ÉCOLE FRANÇOISE.

36 Ch. de la Fosse.
37 J. Parrocel.
39 F. Verdier.
44 J. Castielle.
48 Chantereau.
58 Crepin.
59 Partie.
61 Idem.

GOUACHES.

67 Ditch.
70 Le May.
72 Burgy.
74 Perelle.

DESSINS ENCADRÉS DES TROIS ECOLES.

78 Le Ch. Pomerance.
80 S. Ricci.
83 L. Bramer.
84 J. Van Goyen.
96 F. Boucher.
97 Idem.
102 M. Jeaurat.
110 Deux Payfages.

VASES DE MARBRE.

547 Deux Vafes de brocatelle.
548 Deux Vafes de marbre noir.

BUSTES DE MARBRE.

553 Un bufte en marbre blanc.

BRONZES.

560 Une Bacchante.
561 Six Buftes.
562 Quatre Bas-reliefs.

PORCELAINES DIVERS.

567 Une Fontaine celadon.
570 Deux Vafes à côtes.
575 Un Mâgot.
576 Deux Perroquets.
579 Deux Chimeres.
588 Deux Pots-pourris.
589 Un Mâgot.

MEUBLES.

598 Un Secrétaire.
599 Deux Tables.
600 Une Chiffoniere en acajou.
604 Partie.
608 Un Fusil.

GIRANDOLES.

615 Deux Girandoles en bronze.
619 Une paire de bras.

BOITES.

662 Une Boîte à miniatures.
663 Une Boîte à médaillon.
664 Une Boîte d'écaille noire.
665 Une Boîte d'écaille blonde.
666 Une Boîte de bois pétrifié.
667 Une Boîte d'écaille noire.
668 Une Boîte d'or ovale.
669 Une Boîte d'écaille.
670 Une Loupe de laque.
671 Un Berloquet & sa Chaîne.
672 Une Boîte à huit pans.
673 Une Boîte de cailloux.
674 Une paire de Boucle.
675 Une Boîte d'écaille.
676 Un Ballon d'écaille blonde.
677 Une Boîte fond rouge.
678 Une Boîte d'écaille bleu.
679 Une Boîte d'écaille grise.
680 Une Boîte à médaillon.
681 Une autre idem.

BAGUES.

720 Une Bague.
721 Une Tête de Cheval.

N iij

722 Un Diamant rofe.
723 Une Aigue marine.
724 Une Ametifte.
725 Une Tête gravée.
726 Une autre idem.
736 Partie.

TROISIEME VACATION.

Du Mardi 14 Mars 1786.

ÉCOLE D'ITALIE.

Nº. 1 Ant. Tempefte.
  8 F. Solimene.

ÉCOLE DES PAYS-BAS.

20 J. Both.
24 J. Vanderméer.
28 Grewembrock.
30 J. Ph. Hackerl.
31 Deux Marines.

ÉCOLE FRANÇOISE.

34 Euftache le Sueur.
38 N. Chaperon.
40 J. B. de Fontenay.
42 J. B. Martin.
43 J. Chriftophe.
45 F. Marot.
47 J. Reftou.
49 P. Patel.
54 G. Briard.
57 M. Nivard.
59 Partie.
60 Idem.

GOUACHES.

69 Blemet.
71 Burgy.
73 Vagner.

DESSINS ENCADRÉS DES TROIS ÉCOLES.

81 L. *dit* le Padouan.
85 J. Van Goyen.
87 E. Dietrici.
91 P. J. Loutherbourg.
100 Dumont le Romain.
101 Idem.
106 M. Marilhier.
108 M. Desfriches.
109 Idem.

VASES DE MARBRE.

544 Deux Vases d'albatre orientale.
546 Deux Vases ver d'Écosse.

BUSTES DE MARBRE.

550 Deux Bustes d'Albatre.

BRONZES.

555 Deux Bustes.
559 Louis XIV.

PORCELAINES DIVERS.

568 Une Bouteille.
569 Deux autres.
573 Une Chimere.
574 Une autre Chimere.
658 Un Vase à modele.
584 Un Vase de Seve.

N iv

MEUBLES.

592 Une Table.
593 Une Commode.
594 Deux Encoignures.
603 Deux Écritoires.
604 Partie.

PENDULES.

609 Une Pendule en marbre blanc.

GIRANDOLES.

613 Deux Girandoles.
617 Deux Flambeaux.
618 Deux pareil.

BOITES.

642 Une Boîte d'écaille.
643 Une Boîte fond bleu.
644 Une Boîte de caillou.
645 Une Boîte de bois pétrifié.
646 Une Boîte à huit pans.
647 Une Boîte ovale.
648 Une Boîte de lapis.
649 Une Boîte d'ametisse.
650 Une Boîte à médaillon.
651 Une idem.
652 Une Boîte en malaquite.
653 Une Boîte avec camée.
654 Une Boîte en écaille piquée.
655 Une Boîte d'ivoire.
656 Une Boîte à bandes d'or.
657 Une Boîte vernie.
658 Une Boîte de cryſtal de roche.
659 Une Boîte de cailloux.
660 Une Boîte à médaillon.
661 Une Boîte à miniature.

BAGUES.

713 Une Agathe arborifée.
714 Une Turquoife.
715 Une Opale.
716 Un Rubis.
717 Une Tête d'agathe
718 Une Tête fur coquille.
719 Une Agathe arborifée.
736 Partie.

QUATRIEME VACATION.

Du Mercredi 15 Mars 1786.

ÉCOLE D'ITALIE.

Nº. 5 B. E. Murillos.
6 L. Giordano.

ÉCOLE DES PAYS-BAS.

12 D. Teniers le Vieux.
16 Al. Kuyp.
21 J Both.
23 Ab. Stork.
25 Ab. Hondius.
27 P. Brand.

ÉCOLE FRANÇOISE.

33 S. Bourdon.
51 P. Subleyras.
52 P. Dumefnil.
53 M. Jeaurat.
55 M. Briard.
56 M. Lagrené.
59 Partie.
61 Idem.

MINIATURES ET GOUACHES.

62 J. A. Arland.
63 Baudouin.
64 Agricola.
66 Ditch.
79 J. P. Panini.
88 E. Dietrici.
89 V. Blarin-Berghe.
93 Michel Corneille.
95 F. Boucher.
103 Aubry.
105 M. Marillier.
107 M. Noel.

VASES DE MARBRE.

543 Deux Coupes de marbre de Sicile.
545 Deux Vafes d'albatre fleuri.

BUSTE DE MARBRE.

551 Le Bufte de Henri IV.

BRONZES.

554 Louis XIII & la Reine Médicis.
556 Le Lantin & la Vénus.

PORCELAINES DIVERSES.

563 Deux Urnes du Japon.
565 Deux Cornets celadon.
566 Un Vafe forme libet.
577 Un Berçeau avec Magot.
581 Deux Chiens formant girandole.
585 Uu Vafe de Seve,

MEUBLES.

590 Une Table de marqueterie.

591 Une Armoire en marqueterie.
602 Deux Colonnes de ftuc.
604 Partie.
605 Un Telefcope.
606 Une Harpe.
607 Une Epinette.
620 Deux Tables.
621 Deux autres.

PENDULES.

611 Une Pendule en marbre.

GIRANDOLES.

612 Deux Girandoles avec figures des Femmes.

BOITES.

622 Une Boîte de laque.
623 Une idem à huit pans.
624 Une idem à deux tabacs.
625 Une idem forme quarrée.
626 Une idem forme ronde.
627 Une idem forme ovale.
628 Une idem doublée d'or.
629 Une idem forme quarrée.
830 Une grande Boîte idem.
631 Une Boîte de coulé.
632 Une Boîte en malaquite.
633 Une Boîte de lave.
634 Uue Boîte fond blanc.
635 Une Boîte de bois pétrifié.
636 Une Boîte d'agathe d'Allemagne.
637 Une Boîte de cailloux.
638 Une Boîte de bois pétrifié.
639 Une Boîte de magellan.
640 Une Boîte à huit pans.
641 Une Boîte en bois pétrifié.

BAGUES.

706 Une Turquoise.
707 Une idem.
708 Une Emeraude.
709 Une Opale.
710 Un Rubis.
711 Un autre idem.
712 Une Agathe arborisée.
736 Partie.

SUPPLÉMENT.

TABLEAUX ET DESSINS ENCADRÉS.

N°. 737 jusques & compris 742.

CINQUIEME VACATION.

Du Jeudi 16 Mars 1786.

Estampes encadrées n°. 467 jusques & compris 477,
Estampes en feuilles des trois Ecoles, n°. 478 jusques &
  compris 529.
Volumes d'Estampes n°. 530 jusques & compris 543.

SUPPLÉMENT.

Estampes en feuilles n°. 749 j. squés & compris 766.

SIXIEME VACATION.

Du Vendredi 17 Mars 1786.

DESSINS EN FEUILLES

DES ECOLES D'ITALIE, D'ALLEMAGNE, D'HOLLANDE, DE FLANDRE, ET DE FRANCE.

Numéros 119, 120, 136, 137, 138, 141, 144, 145,
151, 152, 168, 195, 200, 201, 202, 209, 211,
221, 222, 225, 226, 232, 234, 235, 241, 242,
248, 249, 257, 264, 270, 276, 277, 286, 292,
296, 315, 316, 331, 332, 333, 337, 339, 347,
348, 349, 354, 359, 361, 362, 373, 374, 375,
376, 381, 382, 384, 389, 391, 398, 399, 426,
431, 434 jusques & compris 443.

SEPTIEME VACATION.

Du Samedi 18 Mars 1786.

DESSINS EN FEUILLES

DES ECOLES D'ITALIE, D'ALLEMAGNE, D'HOLLANDE, DE FLANDRE ET DE FRANCE.

Numéros 118, 131, 132, 139, 140, 143, 161, 189,
190, 198, 199, 208, 210, 219, 220, 223, 224, 231,
233, 243, 250, 251, 258, 263, 269, 275, 278, 285,
291, 295, 313, 314, 317 partie; 319, 320, 325,
326, 328, 329, 330, 338, 352, 353, 355, 360,
371, 372, 380, 383, 385, 387, 392, 393, 404,
408, 409, 419, 420, 424, 425, 427, 430, 460
jusques & compris 465.

HUITIEME VACATION.

Du Lundi 19 Mvrs 1786.

DESSINS EN FEUILLES

DES ÉCOLES D'ITALIE, D'ALLEMAGNE, D'HOLLANDE, DE FLANDRE, ET DE FRANCE.

Numéros 114, 116, 117, 134, 135, 142, 149, 150, 162, 163, 172, 177, 179, 187, 193, 194, 196, 197, 207, 212, 213, 217, 218, 239, 240, 246, 247, 252, 259, 261, 267, 274, 279, 284, 290, 294, 317 partie; 318, 323, 324, 327, 336, 342, 343, 350, 351, 358, 369, 370, 379, 386, 390, 394, 396, 402, 403, 405, 410, 411, 412, 415, 422, 428, 429, 432, 455 jusques & compris 459.

NEUVIEME VACATION.

Du Mardi 20 Mars 1786.

DESSINS EN FEUILLES

DES ÉCOLES D'ITALIE, D'ALLEMAGNE, D'HOLLANDE, DE FLANDRE, ET DE FRANCE.

Numéros 122, 123, 127, 128, 130, 133, 147, 159, 160, 166, 167, 170, 173, 186, 205, 206, 214, 216, 229, 230, 236, 237, 244, 145, 253, 254, 256, 260, 266, 273, 282, 283, 289, 293, 300, 301, 303, 304, 305, 306, 307, 310, 311, 312, 317 partie; 322, 334, 344, 356, 357, 365, 366, 367, 368, 378, 388, 401, 407, 444 jusques & compris 453.

DIXIEME VACATION.

Du Mercredi 2x Mars 1786.

DESSINS EN FEUILLES

DES ECOLES D'ITALIE, D'ALLEMAGNE, D'HOLLANDE, DE FLANDRE, ET DE FRANCE.

Numéros 111, 112, 113, 115, 124, 125, 126, 129, 146, 148, 153, 154, 156, 157, 158, 164, 165, 169, 171, 174, 175, 176, 178, 180, 181, 182, 183, 184, 185, 188, 191, 192, 203, 204, 215, 227, 228, 238, 255, 265, 268, 271, 272, 280, 281, 287, 288, 297, 298, 299, 302, 308, 309, 321, 335, 340, 341, 345, 363, 364, 377, 397, 400, 406, 413, 414, 416, 417, 418, 421, 423, 433.

SUPPLÉMENT.

Numéros 743 jufques & compris 748.

Lu & approuvé ce 2 Mars 1786. COCHIN.

De l'Imprimerie de QUILLAU, rue du Fouarre, No. 3.

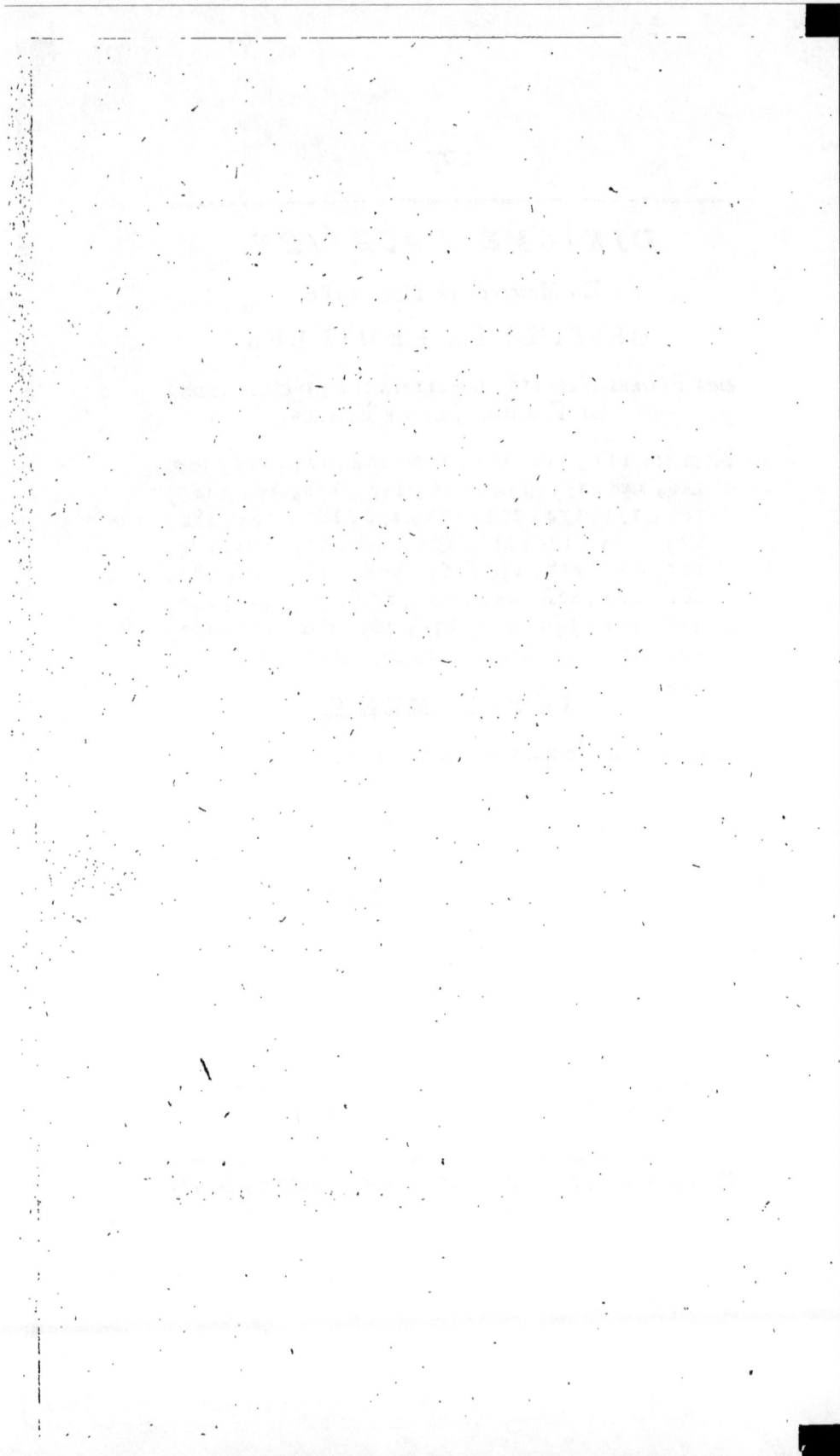

www.ingramcontent.com/pod-product-compliance
Lightning Source LLC
Chambersburg PA
CBHW061300110426
42742CB00012BA/2001